PATRIK BANGA

"ZIGEUNER LÜGEN"
DIE WAHRE GESCHICHTE EINES ROM

AUS DEM TSCHECHISCHEN
VON HANA HADAS

ANTHEA

PATRIK BANGA

„ZIGEUNER LÜGEN“

DIE WAHRE GESCHICHTE EINES ROM

AUS DEM TSCHECHISCHEN
VON HANA HADAS

EINS

Ich liebe Žižkov. Ich meine nicht das Žižkov von heute, wo es protzige Häuser gibt, renovierte Gebäude, und wo die Prager Crème de la Crème für ein Geld wohnt, das sich die meisten Leute nicht einmal vorstellen können. Ich meine das Žižkov der 90er rund um das Obzor-Kino, wo ganz klar war, wer wo hingehört. Von der heutigen Seifertova-Straße abwärts waren es oft Roma, und etwa ab der Bořivojova-Straße abwärts eine Mischung aus Künstlern, Alkoholikern, Arbeitsverweigerern und sesshaften Roma, und von der Kubelička aufwärts nur noch lauter Gadže. Das war nicht hundertprozentig so, aber so ungefähr war etwas dran. Die Ausnahme war die Vít Nejedlý-Straße, wo manchmal in völlig heruntergekommenen Häusern echtes Gesindel lebte.

Ich und meine Geschwister sind mit unseren Eltern an der Ecke Bořivojova und Ježkova-Straße aufgewachsen. Ein schönes Haus mit riesigen Wohnungen. Ich weiß nicht, wie meine Mutter das geschafft hatte, aber das damalige Bezirkswohnungsamt wies meinen Eltern eine Vier-Zimmer-Wohnung mit einer Quadratmeterzahl zu, die auf uns heute wie ein Palast wirkt. Und wir Bangas residierten in diesem Palast. Mama, Papa und vier Kinder. Drei Brüder und eine ältere Schwester.

Aber im Jahr 1985 sah der Palast sicherlich nicht so aus, wie wir uns heute einen Palast vorstellen. Statt eines Badezimmers hatten wir eine Blechbadewanne, weil es in der Wohnung kein warmes Wasser gab und nach Aussage unseres Vaters auch kein Platz für ein Badezimmer. Ich glaube, das hätte man einrichten können, wenn man wenigstens ein bisschen handwerklich begabt wäre. Und das war unser Vater ganz sicher nicht. Die Toilette war nicht drinnen, sondern draußen im Treppenhaus, und wir teilten sie mit einem alkoholkranken Nachbarn, der, glaube ich, Ričl hieß und in der Wohnung gegenüber von uns wohnte. Wir konnten also nur morgens in aller Ruhe auf die Toilette gehen, wenn der Nachbar schlief. Zu jeder anderen Zeit bestand die Gefahr einer Vergiftung durch die Dämpfe des billigen Alkohols, die die Toilette und ihre Umgebung verpesteten.

Jeden Tag schleppten wir die minderwertigen Briketts, die damals verkauft wurden und uns mit Wärme und Warmwasser versorgten, in den vierten Stock, denn einen Aufzug gab es damals nicht. Niemand kümmerte es, dass wir erst drei Jahre alt waren, oder sechs im Falle meines älteren Bruders. Die Regel lautete: „Wenn du's warm haben willst, schlepp Kohle ran." Und die Mama kümmerte sich nicht sonderlich um uns. Wir gingen immer morgens, nachmittags, samstags und sonntags Kohle holen. Wolltest du gerade aus dem Haus gehen, wo deine Freunde auf dich warteten, hattest du Pech. Zuerst musste die Kohle hoch.

Zu den Erfahrungen aus der Kategorie „schrecklich" gehörte allein schon der Gang in den Keller. Dort liefen Ratten in der Größe von Katzen herum, so dass wir immer mindestens zu zweit, häufiger aber zu viert, gingen. Abgesehen von den Ratten war auch das Fehlen von Glühbirnen problematisch, da immer irgendein Nachbar sie abschraubte, wahrscheinlich weil er sie mehr brauchte als wir. So liefen wir immer im Dunkeln herum.

Andererseits hatten wir schon von klein auf gelernt, uns im Dunkeln nicht so sehr zu fürchten. Wir gewöhnten uns an die Anwesenheit von allerlei Ungeziefer, und wir litten sicher nicht an Übergewicht, weil das Laufen mit Kohle bis in den vierten Stock ein sehr solides Training war. Diesem Umstand

Ecke Bořivojova und Ježkova-Straße,
im Eckhaus sind wir aufgewachsen.

ist es auch zu verdanken, dass wir uns später im Sport auszeichnen konnten, das heißt ich und mein älterer Bruder, aus dem ein hervorragender Fußballstürmer wurde, der es bis zu Viktoria Žižkov schaffte. Weiter ging es für ihn nicht, weil meine Mama es sich nicht leisten konnte, ihn im Sport zu unterstützen, aber ich erinnere mich noch daran, wie die Trainer ihn lobten, weil es einfach niemandem gelang, meinem Bruder den Ball wegzunehmen. Er war der geborene Stürmer.

Ehemaliges Schulgebäude, heute Hochschule.
Die Gitterfenster gibt es immer noch.

Und schließlich hatten wir einen „Vorteil", von dem ich echt nicht ahnte, dass er sich in meinem Leben als sehr nützlich erweisen würde. Wir wurden von klein auf an das Knastumfeld gewöhnt. Wir gingen in den „Prokopák"-Kindergarten, der sich an der Ecke des Prokop-Platzes und der Prokop-Straße befand. Genau dort, wo sich heute die Metropoluniversität befindet. Der Kindergarten glich tatsächlich einem Gefängnis, denn außen gab es Gitter und innen war man eingesperrt. Wie im richtigen Knast.

Wie ich mich in der Umkleidekabine umzog und mich rührend von meiner Mutter verabschiedete, die vom Kindergarten zur Arbeit lief, weiß ich nicht mehr so genau. Aber an die Gitterstäbe erinnere ich mich. Und an meine Klassenkameraden Viktor, Roman und Robert, mit denen wir im Kindergarten befreundet waren. Aber wenn der Ort schon einem Gefängnis glich, was ich damals natürlich nicht wissen konnte, so erinnerte der Ablauf im Kindergarten umso mehr an ein Gefängnis. Morgenappell, Durchzählen, Frühstück. Ein Spaziergang nach Vítkov und dann der obligatorische Schlaf. Wer nicht schlief, war ein Ausgestoßener. Wer nicht aß, war ein Ausgestoßener. Und derjenige, der in Gottes Namen nicht spurte, war ein Anwärter für den echten Knast. Viktor, Roman, Robert und ich. Obwohl ironischerweise ich der Einzige aus der Bande war, der als Erwachsener nie ins Gefängnis kam.

Ich hasste die tägliche Routine im Kindergarten. Ich wollte nicht schlafen, ich wollte lesen. Welch eine Ironie. Im Kindergarten konnte ich lesen und schreiben, und der Schlaf hielt mich davon ab, so interessante Dinge wie die Gebrauchsanweisung für das Bistrol-Mittel oder meine True-Crime-Lieblingsrubrik in der Tageszeitung zu lesen. Das habe ich echt immer gelesen. Und so war ich also ein Ausgestoßener und hörte mir, wenig überraschend, ständig Vorträge darüber an, wie ich mir ein Beispiel an meinem Zwillingsbruder nehmen sollte, der auf alle anderen hörte. Ich war von Geburt an ein Rebell. Und unser ältester Bruder war genauso einer.

Meine liebste Tageszeit im Kindergarten war, als ich nach Hause gehen konnte. Zu Hause hatten wir ein Klavier und vor allem einen Plattenspieler. Es war eher ein Mechanismus in einem Styroporgehäuse und ein Haufen Kabel, die mit einem Streichholz im Verstärker gehalten wurden. Wenn ich mir die heutige Super-Hightech-Technologie anschaue, mit der man alles kabellos auf jedem Gerät abspielen kann, muss ich lachen. Wir hatten ein sozialistisches „Hightech"-Produkt. Aber was an Technik fehlte, machten wir durch die Wiedergabe von Inhalten wett. Während meine Klassenkameraden Dáda und der Regenwurm hörten, und die Begabteren vielleicht noch Michal David, wurde bei uns The Dark Side of the Moon von Pink Floyd oder alle Platten der Beatles gespielt.

Schuld daran war mein Vater. Ein gescheiterter Musiker, der sein ganzes Leben im Schatten seines musikalisch brillanten Bruders stand. Musiker waren alle Bangas, solange ich denken kann. Mein Opa war ein Multiinstrumentalist, mein Vater spielte anständig Gitarre, mein Onkel Miro war ein Gitarrengenie, mein Onkel Igor ein Bassist, mein Onkel Jonko Schlagzeuger und mein Onkel Béla, den alle nur „Újo" nannten, war ein professioneller Zuhörer, der nichts richtig spielen konnte, dafür aber ein großer Trinker vorm Herrn. Es war also kein Wunder, dass bei den Bangas immer aufgespielt wurde. Und viel getrunken wurde auch. Aber um es klar zu sagen: Damals wurde überall getrunken. Es war ein Spiegelbild der Zeit und des sozialen Umfelds in Žižkov. Denn was gab es sonst zu tun an einem Freitagabend, oder? Im Fernsehen konnte man sich keinen amerikanischen Film ansehen, im Kino lief Winnetou und der Wodka kostete siebzig Kronen. Man schuftete die ganze Woche in der Fabrik mit dem Namen Sport, wo die ganze Familie Banga arbeitete, und freitags stand Saufen und Musik auf dem Programm. Und stundenlanges Spielen, Singen, Tanzen, und dann eine „Extrakur", wenn jemand zu viel getrunken hatte.

Wenn mein Vater nicht spielen konnte, verteilte er LPs mit damals verbotener Musik an seine Freunde. Meistens schickte er dazu mich oder einen meiner Brüder mit den Platten los. Zudem waren alle Gadže-Intellektuellen weit und breit in unsere Wohnung im vierten Stock ohne Aufzug zu Gast. All diese verbotenen Regisseure, Schauspieler und Musiker hatten in ihrem Leben nichts Besseres zu tun, als sich zu betrinken und den Ziggos zuzuhören, wie sie die Beatles spielten. Die aktiveren und nüchternen unter ihnen überlegten auch, wie sie ihre Kontakte nutzen könnten, um jemanden von den Bangas ins damalige tschechoslowakische Fernsehen zu bekommen. Dem Regisseur Radek Dubanský gelang dies schließlich, und der erste Banga erschien im

Die Geschwister Miroslav und Julius Banga.

Tschechoslowakischen Fernsehen, gleich in der Sendung Jugend im Fernsehen, wo Onkel Miro seine Gitarrenkünste darbot. Roma im Fernsehen zu sehen, war nicht gerade üblich. Nicht, dass es heute viel anders wäre, aber damals war es ein Kunststück, jemanden ins Fernsehen zu bekommen, geschweige denn einen unbekannten Banga aus Žižkov. Es gab sonst nur die Vorzeigefamilie der Gondolans! Ich glaube, die Žižkov-Roma feierten das wochenlang. Das war nicht schwer, die Start-Zigaretten kosteten 4 Kronen, das Bier 1,70 Kronen und der Stolichnaya floss in Strömen.

Das Haus in der Lublaňská-Straße Nummer 50, wo wir mit unseren Eltern wohnten.

Aber die Besuche von Intellektuellen und Regimegegnern hatten auch ihre Schattenseiten. Zu Hause hörten meine Brüder und ich ständig, wie auf die Bolschewiken geschimpft wurde. Zum Teufel, wir hatten keine Ahnung, was oder wer ein Bolschewik war. Das Wissen, dass „die Bolschewiken verdammte Bastarde" waren, hatten wir so verinnerlicht, dass wir es für selbstverständlich hielten. Eines Tages mopsten wir Eier aus Mamas Küche und gingen los, um sie auf eine Statue von Antonin Zapotocký zu werfen, den unser ältester Bruder neunmalklug zum größten Schwein von allen erklärte. Und wir Jüngeren glaubten ihm aufs Wort. Wir warfen Eier und schrien du „verdammter Bolschewik", so wie wir es zu Hause gehört hatten. Den gelben Schiguli mit den weißen Türen und dem Schild der Nationalen Sicherheit haben wir dabei nicht bemerkt. Und anstatt schnöde zu lügen, haben wir denen die Wahrheit gesagt. Dass wir diese Ausdrücke zu Hause von Papa gehört haben. Ich wurde zum ersten Mal in meinem Leben von der Polizei nach Hause gefahren. 1987 war ich fünf Jahre alt. Der zukünftige Verbrecher hatte seine erste Vorstrafe. Zumindest hat man mir das so gesagt.

ZWEI

Die Roma von damals hatten einen anderen sozialen Status als heute. Für die Bolschewiki waren sie einfach arbeitende Menschen. Und arbeitende Menschen konnten alles tun. Was machte es schon, wenn die Mehrheit der Roma ungelernte Arbeit verrichtete und das Synonym für Roma Steineklopfer war? Was machte es also, wenn die meisten Roma aus zwei Gründen arbeiteten. Sie hatten eine feste Arbeit, und der mussten sie auch nachgehen. Sonst wären sie im Bau gelandet. Immerhin kannte ein Haufen Leute in Žižkov das Gefängnis in Vinařice allzu gut. Schmarotzertum war ein schweres Verbrechen! Unsere Eltern arbeiteten also beide, und wenn der Kindergarten zum Beispiel geschlossen hatte, musste jemand auf uns aufpassen.

Meistens waren wir bei den Siváks untergebracht. Das war eine Roma-Familie, die an der Ecke Krásova und Bořivojova-Straße wohnte. Papa Sivák hörte Rockmusik, und so war mein Vater mit der Betreuung einverstanden. Mama allerdings wollte uns bei der alten Frau Bogdanová unterbringen, die ebenfalls in der Krásova wohnte, aber zwei Häuser weiter oben. Sie war eine jüdische Witwe und die erste Intellektuelle, die ich je kennen gelernt habe. Gebildet, freundlich, tief religiös und weiß. Das komplette Gegenteil von allem, was wir bisher kannten. Sie hatte keinen Schnaps im Haus, wahrscheinlich rauchte sie nicht einmal. Dafür besaß sie einen Tanach. Ich glaube, es war Frau Bogdanová, die sich mir und meinem Zwillingsbruder als erste „eingeschrieben" hatte. Sie hatte uns gezeigt, dass es ein anderes Leben gab als das, was wir bisher kannten. Eins im Glauben, in Demut. Nicht, dass es mir großartig Spaß gemacht hätte, aber sie hat mir auf jeden Fall viel mehr gezeigt als die Kindergärtnerinnen. Das einzige Problem war, dass ich mich relativ früh entscheiden musste, ob ich zu Frau Bogdanová oder zu den Siváks gehen wollte. Also entweder zu den Gadže oder zu den Roma. Dass Frau Bogdanová definitiv keine Gadži war, weil Jüdin, war mir damals echt nicht bewusst.

Was für ein schreckliches Dilemma. Ist es besser, mit Roma zusammen zu sein, die so aussehen wie ich, so leben wie ich, so reden wie ich und in jeder Hinsicht irgendwie gleich sind, oder mit einer weißen Frau, die mir von Gott erzählt, aber sehr schön reden kann und nett ist? Es hat nichts genutzt, ich habe mich immer für Helena und Martina Siváková entschieden, wenn ich die Wahl hatte. Zigeunerinnen wie sie

Krásová-Straße. Im ersten Haus auf der linken Seite lebte die Familie Sivák, ein Eingang weiter Frau Bogdanová.

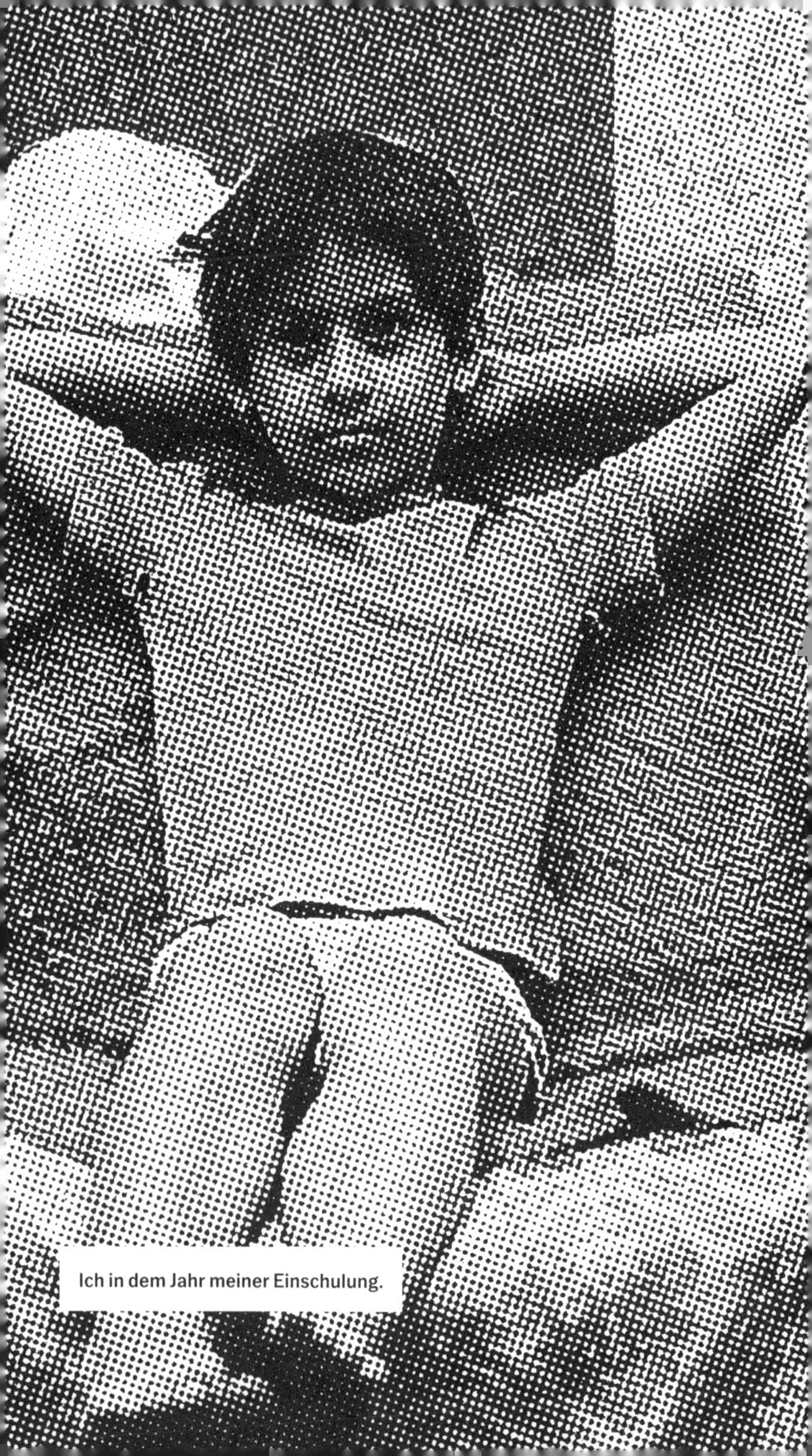

Ich in dem Jahr meiner Einschulung.

im Buche stehen. Die waren immer lustig. Außerdem wohnte nebenan Eva Cínová, ein anderes Mädchen aus der Bande, das sehr gut singen konnte.

Als Kind habe ich gehasst, was ich als Erwachsener liebe. Ordnung. Klarheit. Damals wollte ich mit den Mädchen draußen herumstreunen oder in das Trainingsstadion von Viktoria Žižkov gehen, wo wir als Kinder ungestraft hingehen konnten und niemand uns von dort vertrieb. Hinter der Metallabdeckung des Žižkov-Stadions bekam ich auch meinen ersten Kuss und rauchte meine erste Zigarette, die mein älterer Bruder und ich meiner Mutter geklaut hatten. Da war ich fünf Jahre alt. Ich erinnere mich genau an zwei Dinge: Es war eine Zigarette der Marke Femina, und meine Mutter hat uns zu Hause schön verdroschen, weil wir stanken, als kämen wir direkt aus der Kneipe.

Das unbeschwerte Leben sollte in dem Moment aufhören, als wir in die Grundschule in der Vlkova-Straße eintraten. Mein älterer Bruder kannte den Ort bereits, also erzählte er uns zu Hause Horrorgeschichten darüber, wie sie dort kleine Kinder fraßen, und beschrieb uns Zwillingen die ganze Schule als einen Ort in der Hölle höchstpersönlich. Und ich habe ihm alles abgenommen, deshalb hatte ich auch Angst vor der Schule. Aber gleichzeitig wollte ich die Tasche haben, die ich im Schaufenster eines großen Schuhgeschäfts in der heutigen Koněvova-Straße sah. Eine rote Ledertasche mit Reflektoren dran. Ein Synonym für einen Schuljungen. Und Turnschuhe!

In der Schule mochten sie mich allerdings auch nicht besonders. Und das lag nicht daran, dass ich weder Schulranzen noch Turnschuhe hatte. Was Opa angefangen hatte, hat Frau Bogdanová beendet. Ich konnte lesen, schreiben und rechnen. In der Schule hatte ich also nichts zu tun. Und so fing ich an zu stören, eigentlich die ganze Zeit. Ich langweilte mich, und nicht einmal Gustav Husák, der über dem Lehrerpult hing, konnte mich davon abhalten.

Die anderen Kinder – also die tschechischen Kinder und auch mein Zwillingsbruder, der mit mir die Schulbank teilte – waren ganz still und leise. Sie hörten auf die Lehrerin und wagten nicht, einen Pieps zu machen. Entweder weil sie Respekt vor der Autorität hatten oder weil sie tatsächlich lernten. Auf der völlig entgegengesetzten Seite dieses Spektrums standen ich und Jirka Oláh. Ja, noch ein Roma. Der zwar noch nicht lesen konnte, aber wenn im Sportunterricht einer von uns die typischen roten Hosen nicht dabeihatte, konnte er sie so schnell überziehen, dass niemand merkte, dass wir uns eine teilten, während der andere auf der Toilette saß.

Im Fach Musik sah ich eine gewisse Chance, mich hervorzutun und mich dem „richtigen" Teil unserer sozialistischen Klasse anzuschließen.

Und so spielte ich im Musikunterricht eine Klaviervariation von A Hard Day's Night von den Beatles und sang später eine Passage aus Jesus Christ Superstar in einer abgelauschten Imitation des Englischen. Aber das Ergebnis war ganz anders, als ich erwartet hatte. Danach durfte ich nicht einmal mehr den Hort besuchen.

Ich verlor immer mehr den sozialen Kontakt zu den anderen Kindern, die meine Gewohnheiten absolut nicht verstanden, und ich gebe zu, dass ich die ihren auch nicht verstand. Wer hat das schon einmal gesehen, so viele Pausenbrote dabeizuhaben und anderen nichts anzubieten? Ich konnte sehen, wie meine Klassenkameraden Brötchen aus ihren Schultaschen nahmen, ordentlich in eine Serviette eingewickelt, und den Rest, was sie nicht schafften, einfach wegwarfen. Ich und Jirka haben nie etwas weggeworfen. Bei uns gab es auch keine Brötchen mit Salami in einer Papierserviette. Meistens hatten wir Butterbrote dabei und manchmal einen Apfel. Wir haben immer alles geteilt. Wenn es einen Apfel gab, aß jeder von uns ein Drittel davon. Jirka, ich und mein Bruder. Wie echte Roma eben.

DREI

Der schulische Überlebenskampf mit Jirka endete so schnell, wie er begonnen hatte. Meine Eltern hatten eine geniale Idee – sie wollten die Wohnung tauschen. Heutzutage ist dieses Phänomen fast unbekannt, aber während des Sozialismus war es durchaus üblich. Und so tauschten wir den Palast in Žižkov gegen eine Wohnung des Grauens in der I. P. Pavlova. Es gab zwar warmes Wasser und sogar eine Toilette in der Wohnung, aber überall liefen Asseln herum und es war so kalt, dass ich die ersten Tage an einen Gasofen gelehnt verbrachte, den man Kanzelheizung nannte. So etwas hatten wir in unserer alten Wohnung nicht, dort gab es einen Kaminofen. Aber schon wieder, wie soll man Grillwürstchen auf einem Gasherd braten! Wenn Papa auf uns aufpasste, aßen wir ständig Würstchen. Das Schlimmste an dem ganzen Wohnungstausch war, dass unser Klavier nicht in die neue Wohnung passte. Unser größter Schatz blieb also in der alten Wohnung zurück. Und soweit ich mich erinnere, wäre mir das Klavier in der alten Wohnung tausendmal lieber gewesen als das Badezimmer in der I. P. Pavlova.

Die Wohnung war schmutzig, überall breitete sich Schimmel aus und es stank. Und wie konnte es anders sein, die ehemaligen Bewohner der Wohnung und jetzigen Mieter unseres Palastes in Žižkov waren Oláh-Roma, die aussahen, als wären sie gerade dem Film Gypsies Go to Heaven entsprungen. Nichts fehlte. Rot gefärbte Haare, kupferne Medaillons auf Schals und Röcken. Ein Haufen Röcke. Dass in einer Zweizimmerwohnung Dutzende von ihnen lebten, ist wohl nicht weiter der Rede wert. Dass sie anders waren, war sofort klar. Aber was für Leute das waren, verstanden wir erst, als wir unser ehemaliges Klavier vor unserem ursprünglichen Haus in Žižkov sahen, aus dem die Übeltäter einen Splitterhaufen gemacht hatten. Unser wunderschönes, halbge-

Die Metrostation I. P. Pavlova wie sie heute aussieht. Anstelle des heutigen Caféhauses befand sich eine Passage, in der sich die Stände der Familie Hörik befanden.

täfeltes Klavier beendete seine musikalische Reise in einer schmutzigen Straße und bei Besitzern, die seinen Wert als perfektes Instrument nicht erkennen konnten. Nie wieder hatte ich ein solches Instrument besessen. Und ich habe dreiunddreißig lange Jahre auf ein anderes Klavier gewartet, bevor ich es mir selbst zu Weihnachten schenkte.

Zuerst wollten mein älterer Bruder und ich losziehen und zumindest irgendwen mit den Hockeyschlägern verprügeln, die wir uns eigens dafür besorgen wollten. Aber das hatte keinen Sinn. Das Klavier war futsch. Und plötzlich hatte ich ein weiteres Dilemma. Es sind Roma, und sie sind nicht wie wir! Meine Verwirrung wuchs. Gadže, Roma und Oláh-Roma. Gut, dass ich da noch nicht wusste, dass Frau Bogdanová Jüdin war.

Ich fand mich in einer neuen Umgebung wieder, in einem neuen Viertel, in dem ich niemanden kannte. Wir wohnten nur ein paar Minuten von der U-Bahn entfernt, und es waren so viele Menschen überall und gleichzeitig, dass ich das Gefühl hatte, die Schlange der Männer, Frauen und Kinder, die von der U-Bahn zur Straßenbahn eilten, würde nie enden. Hunderte, Tausende von Menschen liefen hin und her. Ich habe noch nie so viele Menschen auf einem Fleck gesehen.

Dabei sah die Straßenbahnhaltestelle I. P. Pavlova ganz anders aus als heute! Es gab eine hässliche Unterführung, in der es nach Alkohol und Urin stank, einen Feinkostladen, einen Zeitungskiosk namens „U Šroubků" und Gemüsestände. Für einen Jungen aus der Bořivojova-Straße war es eine völlig andere Welt. Eine Welt der Gadže. Damals sah ich dort nämlich kaum Roma.

Ich wusste aus der Schule, wie man mit Gadže umging. Ich wusste, wenn ich sie laut und höflich grüßte, würden sie mich nicht säuerlich angucken. Also grüßte ich in den ersten Tagen jeden, der aus der U-Bahn kam und die Lublaňská-Straße in Richtung der Kneipe „Na Břežance" entlangspazierte.

Jeden Tag waren es Hunderte von Menschen. Und am lautesten grüßte ich die Nachbarn in dem Haus, in dem wir wohnten. Herrn Šimek, der ein Auto besaß und das als völlig normale Tatsache ansah, und auch Frau Pilzová, die genauso Jüdin war wie Frau Bogdanová aus der Krásovka. Aber am besten gefielen mir die Nachbarn von nebenan, die einen Dalmatiner namens Gaston hatten. Er schmuste mit allen, und jedes Mal, wenn er rausging, bellte er fürchterlich.

Aber das Schlimmste sollte noch kommen. Ein neues Zuhause bedeutete auch eine neue Schule. Und diesmal war sie nicht direkt vor unserer Nase, wie in Žižkov. Die Wahl fiel auf die Grundschule in der Resslova-Straße, also zwei Straßenbahnhaltestellen weiter und ein Stück zu Fuß. Schlimm für mich, schlimmer für die Lehrer. In dieser Schule sah alles ganz anders aus als in Žižkov. Sie war sauber. Funktionierende Umkleideräume, Klassenräume ... und kein Jirka Oláh. Vielleicht war der einzige, mit dem ich in der Schule reden konnte – abgesehen von meinem Zwillingsbruder, wie sollte es anders sein – mein Klassenkamerad Beňo. Sein Name war Beňo Gé. Ich habe nicht verstanden, wie das möglich war. Aber er hieß wirklich Gé. Das war gut für mich. Es war so etwas wie Banga, also ein ganzes Stück von einem Novák entfernt.

Und so kamen mein Bruder und ich in ein Klassenzimmer, in dem meine Klassenkameraden Vasenda, Šrajer und Krutský hießen, und der Höhepunkt des Zusammenhalts bildeten die Hoffmann-Zwillinge. Anna und Klára. Ich mochte Anna, mein Bruder mochte Klára. Am Anfang schien es, als würde sich mein Bruder und ich ganz gut einfügen. Vielleicht lag es daran, dass wir laut grüßten. Und wir konnten Klavier spielen, was wir im Musikunterricht oft taten, wobei wir nicht mehr die Beatles spielten, sondern Bei den Ständen und all die Hits, die damals angesagt waren. Und um die Genossinnen Lehrerinnen zu besänftigen, habe ich auch den Kanon Červená se line záře (London's Burning) gespielt.

Aber es stellte sich später heraus, dass ich mich im Gegensatz zu meinem Bruder nicht gut einfügte. Und ich glaube nicht, dass nur die Klassenlehrerin etwas dafür konnte, der ich die Schuld gab. Genau wie in Žižkov war ich mit dem Fluch meiner vermeintlichen Genialität konfrontiert worden. Als Kind dachte ich, wenn ich lesen, schreiben und rechnen könnte, bräuchte ich keine Lehrerin. Wozu auch. Und so liebten alle meinen braven, fleißigen Zwilling, während ich wieder der freche Bengel war. Diesmal aber ein Solo-Bengel. Niemand konnte mich zwingen, in der Schulbank sitzen zu bleiben. Ich war wohl das, was man heute „unangepasst" nennt. Und genau wie heute gab es in der Schule niemanden, der mit einem Kind wie mir effektiv umgehen konnte. Ich weiß selbst nicht, ob ich damals jemanden mit absolut unerschütterlicher Autorität gebraucht hätte oder etwas völlig anderes. Im Nachhinein betrachtet muss ich für die Lehrer wirklich unerträglich gewesen sein. Sie waren daran gewöhnt, dass jeder morgens Hausschuhe trug und sich in der Garderobe ordentlich umzog, wie es die Gadže üblicherweise taten. Ich hatte keine Hausschuhe, also habe ich mich nicht umgezogen, oder ich musste barfuß gehen, wenn es einer Lehrerin auffiel. Und ich stand schon als kleiner Junge auf Frauen. Wenn die Lehrerin mich in die Klasse rief, plauderte ich mit meiner Klassenkameradin Rančáková oder bewunderte im Stillen meine ältere Klassenkameradin Stavinohová, die ich ein paar Jahre später in der Lehre kennenlernte. Leider war es mir nie gelungen, sie abzuschleppen.

Am meisten befreundet war ich mit Matouš Krutský, der aus einer christlichen Familie stammte und so höflich war, dass er mir nicht sagen konnte, ich solle „woanders hingehen". Seine Eltern hatten ein Cembalo zu Hause, auf dem ich fast jedes Mal spielte, wenn ich zu Besuch war. Sobald sich die Tür schloss und seine Mutter gegangen war, ließ ich das Cembalo stehen und wir eilten zu der Autorennbahn, die Matouš einfach so auf dem Boden liegen hatte. Eine Autorennbahn! Ich hatte noch nie eine gesehen, und jedes Mal

Die Familie Banga von links:
Julius Banga der Jüngere · Vater
Julius Banga der Ältere · Opa
Miroslav Banga · Onkel
Světlana Bangová · Tante
Ida Bangová · Oma

konnte ich es kaum erwarten, damit zu spielen. Stimmt, der Staubsauger der Marke ETA hatte es mir auch angetan. Auch so eine Kleinigkeit war uns völlig unbekannt. Und mit dem Staubsauger, dem Cembalo und der Autorennbahn begann der Prozess meiner Integration in die Gadže-Gesellschaft.

Zugegeben, ich wusste nicht, was Integration bedeutete. Aber ich hörte überall um mich herum, dass ich mich integrieren müsse. Also stellte ich mir vor, dass alles, was mich mit den Gadže verband, mit Integration zu tun hätte. Natürlich wusste ich nicht, dass dies das A und O aller NGOs sein würde, die sich um die Roma kümmern würden. Ich hatte keine Ahnung, dass es im Jahr zweitausendzweiundzwanzig noch eine Strategie zur Integration der Roma mit Blick auf die nächsten zehn Jahre geben würde. So wie es damals war, bedeutete es viele Schikanen, die Unterdrückung der eigenen Identität und die Übernahme von Gadže-Bräuchen, die für uns oft völlig unverständlich waren.

Aber gut. Ich musste mich integrieren, also tat ich es. So habe ich den Roma, den Oláh-Roma und den Gadže eine weitere Gruppe hinzugefügt. Die Gadže, die an Gott glauben.

VIER

Im Pavlák war es dann doch nicht so schlimm. Vielleicht, weil ich dort eine Freundin namens Milada gefunden habe, die Romni war und auch Oláhová hieß. Wie Jirka. Mein älterer Bruder fand auch eine Gruppe von Leuten, die wie die Jungs vom Biberfluss aussahen und den ganzen Tag lang sportelten. Wir fanden uns in einem weiteren Kollektiv wieder. Außerdem hatte ich das Glück, kurz nach der Samtenen Revolution erneut die Schule zu wechseln. Von Resslovka, wo wir bis dahin hingegangen waren, in die Sekundarschule der Tschechoslowakisch-Polnischen Freundschaft in der heutigen Legerova-Straße. Ursprünglich hieß sie Volksmiliz-Straße.

Dort reichte es nicht mehr aus, dass ich lesen und schreiben konnte. Man verlangte von mir andere Dinge, und ich lernte endlich, im Unterricht aufzupassen. Mein Vorbild sollte wieder mein Zwillingsbruder sein, von dem die Lehrerinnen, wie sollte es anders sein, begeistert waren. Mein Bruder gab keine Widerworte, störte den Unterricht nicht und tat alles, was von ihm verlangt wurde. Ich hasste diese seine Vollkommenheit. Ich hasste seine Art und Weise, wie er versuchte, um jeden Preis zu gefallen. Zuhause lernte er stundenlang, um in der Schule zu glänzen, und er hatte Erfolg damit. Er bekam immer eine Eins. Jede Lehrerin wusste, dass er der Gute war und mein älterer Bruder und ich die schlimmen Bengel. Und das Schlimmste war eigentlich, dass mein Bruder mich in der Schule mied, weil er sein „Kaderprofil" nicht verderben wollte. Er ließ zu, dass man ihn „Das Unschuldslamm" nannte.

Zu dieser Zeit machten mein älterer Bruder und ich schon lange Musik und liebten es, vor dem Publikum anzugeben. Ironischerweise war die zukünftige Karriere meines Zwillings zu diesem Zeitpunkt reine Fiktion. Ich habe zum Beispiel im Musikunterricht so Klavier gespielt, dass mir die Lehrerin, Frau Baudyšová, ihren Platz am Klavier überließ. Ich lernte auch alle unmelodischen, schwachsinnigen Lieder aus dem Liederbuch und hatte das Gefühl, zumindest zwei Stunden pro Woche dazuzugehören.

Irgendwann kamen nämlich die soziokulturellen Unterschiede zwischen uns und den anderen Kindern zum Vorschein. Während wir wie die letzten Penner herumliefen, die meistens kein Pausenbrot dabeihatten und es für uns undenkbar war, uns zu Hause auf die Schule vorzubereiten, kamen die Kinder aus wohlhabenderen Familien wie aus dem Ei gepellt zur Schule, aßen in der Schule ihr reichhaltiges Pausenbrot und gingen nach der Schule zum Mittagessen in die Kantine. Vor der Kantine saßen meist nur ich, mein Bruder, mein anderer Bruder und ein paar weiterer armer Kinder. Und das lag nicht nur daran, dass die Eltern nicht in der Lage waren, Geld zu verdienen. Beide arbeiteten damals in der Fleischerei „U Moravce“ am Tyl-Platz. Sie haben allerdings nie den Umgang mit Geld gelernt. Was sie hatten, gaben sie aus. Egal, was in der nächsten Woche passierte. Ich habe meine Mutter dafür immer geschimpft, bis ich als Erwachsener den Ort besuchte, aus dem sie stammte. Als ich im Städtchen ankam, in dem sie geboren wurde, verstand ich alles. Meine Mutter konnte nie lernen, vorausschauend zu denken, weil es dort so viel Armut gab, dass die Menschen von einem Tag auf den anderen lebten. Das Bildungsniveau war so niedrig, dass meine Mutter im Vergleich zu den Einheimischen eigentlich genial war. Alles, was ich ihr zu Lebzeiten vorwarf, verstand ich erst in dem Moment, als ich es mit eigenen Augen sah. Die Zeit in der Heimatstadt meiner Mutter war in den späten fünfziger Jahren stehen geblieben. Die Menschen dort lebten in Blechhütten, und in einem Mini-Plattenbau waren mehrere hundert Menschen gleichzeitig untergebracht. Das Beste, was meiner Mama passieren konnte, war der Umzug nach Prag.

In der Schule schämte ich mich plötzlich dafür, nicht für jedes Fach ein Heft zu haben. Oder dass ich keine Umschläge besaß. Ich trug einen alten Rucksack aus der Fabrik namens „Sport", der ursprünglich für Tischtennisschläger gedacht war, und im Sportunterricht lief ich barfuß herum, weil ich keine Turn- oder Sportschuhe hatte. Die postrevolutionäre Ära hat begonnen. Aus der Genossin Lehrerin wurden die Frau Lehrerin, und wir Roma mussten erst noch lernen, dass uns das Vorankommen im Leben mindestens doppelt so viel Mühe kosten würde als die Gadže.

Mama Bangová

Meine ersten Erfahrungen sammelte ich bereits in der zweiten Klasse. In der Schule, zur Zeit der großen Pause, mussten wir wie Idioten durch den Korridor laufen. Die sozialistische Art, dicke Kinder dazu zu bringen, sich zu bewegen. Und die Lehrer mochten es nicht, wenn wir uns auf dem Gang mit unseren Brüdern trafen – mein älterer Bruder war drei Klassen über mir – und mit anderen Roma, die auf die Legerka gingen. Ich weiß nicht, ob sie sich mehr daran störten, dass wir uns trafen, oder daran, dass wir oft gebrochenes Romani benutzten, das keiner von uns richtig sprechen konnte. Jedenfalls endete es damit, dass meine Lehrerin Baudyšová, die sich sonst sehr für mein musikalisches Talent interessierte, eines Tages anfing, mich an den Haaren zu ziehen und sich darüber aufzuregen, dass wir in der Schule eine „Zigeunerkolonie" bilden würden. Ich verstand das noch nicht so richtig, aber mein älterer Bruder schon. So wurde er der erste Banga aus unserem Geschwistertrio, der die Lehrerin zur Rede stellte und ihr vor der ganzen Klasse verkündete, sie könne sich ihre Zigeunerkolonie in den Arsch schieben. Die Lehrerin erlitt fast einen Herzinfarkt und ich habe mir fast in die Hosen gemacht. Ja, ich konnte nicht aufhören zu lachen. Damals wusste ich nur noch nicht, dass uns solche Konflikte unser ganzes Leben lang begleiten würden.

Die Lehrerin behielt ihre Meinung nicht für sich, und plötzlich zeigte sich in der Schule, wer auf wessen Seite war. Einige Kinder mieden uns völlig, weil wir plötzlich keine Klassenkameraden mehr waren, sondern Störenfriede. Anderen gefiel die Rebellion und sie blieben mit uns befreundet. Ich zum Beispiel freundete mich mit meiner Klassenkameradin Bára an, mit der ich bis heute Kontakt halte und zu der ich ein fast brüderliches Verhältnis habe.

Aber einige der Lehrerinnen begannen, uns offen zu bekämpfen. Dieselben bolschewistischen Lehrerinnen, die sich unter dem vorherigen Regime pflichtbewusst um die Schwarzen Bretter kümmerten und sich so verhielten, wie

Die Klarinette von Opa Banga

die Vorgesetzten es von ihnen erwarteten, zeigten jetzt ihr wahres Gesicht. Dabei spielte es keine Rolle, ob es sich um die Direktorin oder die Sozialberaterin Máderová handelte, die in dieser Hinsicht eine der aktivsten Rassistinnen war, die ich je getroffen habe.

Um die Dinge etwas auszugleichen, gab es auch Lehrer an der Schule, die uns offen unterstützten und uns ganz anders behandelten. Zum Beispiel Beata Krusic, die uns in Englisch unterrichtete, Hanka Zapadlová oder Lída Šilarová, der ich es eigentlich zu verdanken habe, dass ich heute Jazzgitarre spiele. Sie war es, die mir jüdische Lieder beibrachte, die mir als erste Klezmer vorgespielt hat, und sie war es, die mir gezeigt hat, wie man Gitarre spielt. Die Sozialberaterin Máderová sagte mir schon in jungen Jahren, dass ich gar nicht zu lernen brauche, weil es sowieso nichts bringen würde.

Leute wie ich, sagte sie, würden sowieso automatisch eine Schaufel in die Hand gedrückt bekommen oder im Knast landen. Und so musste ich mir als siebenjähriger Zweitklässler anhören, dass ich bereits ein veritabler Dieb und Krimineller sei, und ich glaube, ich war ihrer Meinung nicht weit davon entfernt, ein Mörder zu sein. Die Máderová hasste uns alle noch mehr, weil sie von unserem Hund Body gebissen wurde, als sie nach den Klassentreffen in eine laute Diskussion mit unserer Mutter geriet auf die wir vor der Schule gewartet hatten. Der Hund mochte es nicht, wenn geschrien wurde. Und als die Betreuerin ihre Stimme gegen unsere Mutter erhob, war es zu spät, etwas zu erklären. Body war ein Deutscher Schäferhund. Welch eine Ironie. Eine gewissenhafte Rassistin wurde von einem deutschen Hund gebissen. Und so kam ich an einem weiteren Stoppschild auf meinem Weg zur Integration in die Gadže-Gesellschaft vorbei. Hoch gehalten von den Bolschewiken im neuen Gewand.

FÜNF

Man kann sich an alles gewöhnen, sogar an den Tod. Das pflegten meine älteren Verwandten zu sagen, die den Zweiten Weltkrieg mitgemacht hatten. Die frühen neunziger Jahre waren von Familientragödien geprägt. Zuerst starb mein Onkel Miro auf tragische Weise, und bald darauf auch mein Opa. Mein Lebenstrauma. Opa konnte den Verlust seines Sohnes nicht verkraften und nahm eine Überdosis Tabletten. Ich erinnere mich noch an das Gefühl, als ich Opa wecken wollte und er nicht mehr aufwachte. Ich versuchte es sogar mit Wasser und rannte schließlich zu einer Nachbarin im ersten Stock, von wo ich einen Krankenwagen rief. Der brachte ihn schließlich weg, und ich habe Opa nie wieder gesehen. Bis heute verstehe ich nicht, warum er ausgerechnet diesen Moment gewählt hat, als ich bei ihm im Bett schlief. Und wenn ich ihn eines Tages wiedersehe, wird es definitiv eins der ersten Dinge sein, die ich im Jenseits zu tun gedenke. Ihn ordentlich zur Schnecke machen.

Weder mein Onkel noch mein Opa erlebten die Veränderungen, die die Revolution mit sich brachte. Die Menschen waren fröhlicher, mein Vater redete unentwegt vom Ende der Bolschewiki und schrie aus dem Fenster, als Test für die Funktionsfähigkeit der Demokratie, etwas über die bolschewistischen Schweine, nachdem er zuvor mit Freunden oder Verwandten getrunken hatte. Die Revolution konnte die endlose Banga-Party nicht stoppen, die nach 1989 entlang der Route Lužiny – Smíchov – I. P. Pavlova – Vršovice – Neratovice weiterging.

In Anbetracht der Lage im Zentrum von Prag fanden die meisten Partys immer zu Hause statt. Die Onkel Marian, Memento, Igor, Radek, Vojta, Jonko und viele andere kauften ständig den Kiosk „U Šroubků“ leer, wo es neben Zigaretten auch Alkohol gab. Als ich etwa zehn Jahre alt war, hatte ich den totalen Überblick über die Zigarettenpreise von Marken wie Start, Mars, Petra, Sparta und vor allem die Americans, die sich jeder gleich nach der Lohnausgabe besorgte. Wer sie die Americans leisten konnte, war der King. Russischer Wodka wurde durch einen Prager Wodka ersetzt, und wenn gar nichts ging, wurde ich in die Kneipe „Na Břežance“ geschickt, um Bier zu kaufen. Damals interessierte es niemanden, wie alt jemand war. Ich bekam einfach einen Zettel und einen Hunderter in die Hand gedrückt, und los ging's, einkaufen!

Auch den Gemüseverkäufern auf dem Pavlák, dem Platz an der Station I. P. Pavlova, war mein Alter egal. Die Familie Hörik, die Woche für Woche die besten Plätze auf dem Feld der Markthändler besetzte, verstand bald, dass ich fleißig und billig war. Und so lernte ich, Gemüse zu schleppen, zu waschen, zu sortieren und vor allem zu wiegen. Tagelang verkaufte ich dann Gemüse, unterstützt von meinen Ausrufen: „Kauft slowakische Möhren, die besten Möhren Europas!“ Und es funktionierte. Ich war sowas wie eine Attraktion. Während bei anderen Gemüsehändlern nicht mehr als ein paar Schaulustige um die Kisten mit dem Schild „Obst und Gemüse“ herumstanden, war bei mir ausverkauft. Alle wollten den „Zigeuner“ sehen, der mit zehn Jahren ohne mit der Wimper zu zucken die Preise für Tomaten, Paprika, Karotten, Kirschen und vor allem für Essiggurken hinauspfeffern konnte. Ich bekam so viel Trinkgeld, dass ich vielleicht fünfzig Kronen pro Tag nach Hause brachte. Und das war damals so viel Geld, dass ich meine Mutter finanziell unterstützen und mir trotzdem noch Süßigkeiten kaufen konnte, die mir in den Sinn kamen. Ich war der örtliche Baby King in einer wattierten Arbeitsjacke, auf der „Obst – Gemüse“ aufgestickt war. Und so wurde mir ziemlich früh klar, dass ich, wenn ich hart genug arbeitete und laut genug war, viel mehr Geld verdienen konnte, als mein Vater je hätte versaufen können. Überspitzt ausgedrückt begann für mich gerade damals die Zeit des Unternehmertums.

In der Familie Hörik gab es eine Hierarchie. Die Frau traf die Entscheidungen, die Männer arbeiteten. Und so wurde alles von der geschäftstüchtigen Růžena geleitet, die sich noch um ihre Mutter, Maria, genannt Ömchen, kümmerte. Fero und Dano schleppten immer Kisten herbei, und die Mädchen verkauften. Růžena mochte mich, also konnte ich mir fast alles erlauben. Ich konnte Gemüse essen, das wir zu Hause nicht hatten. Ich konnte Geld verdienen, und ich konnte lernen, wie man mit Geld umgeht. Wenn ich also heute jemandem verdanke, dass ich überhaupt wirtschaftlich denken kann, dann dieser slowakisch-ungarischen Dame. Sie hat mich vor allem deshalb in ihr Herz geschlossen, weil ich ihr die ganze Zeit vorgesungen habe. Und es gefiel ihr sogar so gut, dass sie ihre Verwandten von der Telefonzelle aus anrief und mich dazu brachte, auch für sie ins Telefon zu singen. Ich glaube, der größte Hit war das Lied Blühe auf, kleine Rose, das ich für ganz Nitra gesungen habe.

Und so ging ich unter der Woche zur Schule und nach der Schule direkt zum Stand. An Samstagen und Sonntagen verbrachte ich dort mehr als zwölf Stunden. Morgens um acht Uhr musste ich dort sein, Gemüse tragen, putzen und so viel davon wie möglich verkaufen. Wenn ich frei hatte, und diese Zeit nannte ich voller Stolz „Urlaub“, verbrachte ich die Zeit mit meiner Freundin Milada, mit der ich auf Dächer kletterte, und mit Iveta Dreziová, die sich ständig prügelte. Das sah dann so aus, dass wenn uns jemand im Park als Zigeuner beschimpfte, Iveta meistens vor mir losrannte und die Person mit ein paar Tritten à la Van Damme zu Boden beförderte. Es hatte keinen Sinn, sich mit Iveta anzulegen.

Milada hingegen lebte bei ihrer neurotischen Mutter Květa, die ständig schrie. Wenn sie einen Anfall hatte, konnte ich sie im Innenhof unserer Wohnung hören, denn ihr Geschrei hallte durch den ganzen Hochhauskomplex. Květa war Witwe und ließ ihren ganzen Lebenszorn an ihren Kindern und anderen Familienmitgliedern aus. Und meistens endete es damit, dass Milada hinausging und ihre beiden jüngeren Geschwister Nina und Patrik mitnahm. Milada hatte ein hartes Leben. Doch sie war sehr nett, eine Art Mutter für alle, aber sie wusste auch zu kämpfen, wenn es darauf ankam. Eines Tages gab uns der damalige Freund ihrer Mutter zweihundert Kronen, damit wir uns etwas Süßes kauften. Zweihundert Kronen! Damals wussten wir natürlich nicht, dass er uns Kinder nur auf elegante Weise loswerden wollte. Und als wir am Supermarkt an der Bělohradská ankamen, begann Milada das Geld aufzuteilen. Einen Teil für ihren Bruder, einen Teil für ihre Schwester, einen Teil für sich, einen Teil für mich und meine Brüder und den Rest für die Mama. Sie dachte nie nur an sich selbst, sondern immer auch an die, die nicht bei uns waren. Meine Frau nennt sie heute Kleiner Buddha, und ich denke, das passt genau zu ihr.

SECHS

Die Gruppe von Jungs vom Biberfluss, wie ich eine Gruppe von den hiesigen Jungs nannte, lebte ein völlig anderes Leben als wir. Was spielte es für eine Rolle, dass die meisten Roma keine Ahnung hatten, wer die Jungs vom Biberfluss waren, nämlich ein Abenteuerbuch von Jaroslav Foglar. Diese Gadže waren Aushängeschilder der Tugend. Ungeachtet dessen, dass einige von ihnen später zu Alkoholikern wurden. Jeden Tag trafen sie sich in einem der Höfe zwischen der Lublaňská und der heutigen Sokolská-Straße, wo es damals noch keine Hotels gab. Dort befand sich ein riesiger Komplex von Höfen mit Bäumen und Flächen für jede erdenkliche Sommersportart. Und dort spielten diese Jungs jeden Tag gemütlich Tennis, Tischtennis und Fußball, Handball, Völkerball, notierten die Ergebnisse, veranstalteten Turniere, und ihr übelstes Schimpfwort war „dumme Nuss“. Tagelang konnten sie sich über Karlsson vom Dach unterhalten, und der größte König war derjenige, der vom Dach springen konnte, ohne mit der Wimper zu zucken. Welcher Zigeuner las denn damals Karlsson vom Dach?

Und da kamen wir ins Spiel. Wir gehörten zu einer Familie mit einem gewissen Prozentsatz an Alkoholikern, die es gewohnt waren, Partys zu feiern, gelegentlich zu hungern und in der Schule oft beleidigt zu werden. Also ich habe meinen Geschwistern nie erzählt, dass ich heimlich alle Foglar-Bücher gelesen hatte, und ich wusste ziemlich genau, was diese Leute spielten. Aber als ich es mit meinen eigenen Augen sah, konnte ich es nicht glauben. Keine Schlägereien wie mit

Iveta. Kein Geschrei wie bei Květa oder einem unserer Großfamilienmitglieder, der gerade mehr als zwei Promille intus hatte. Vielleicht lag es daran, dass die meisten von ihnen älter waren als wir. Mirek, eine Art lokaler Mirek Dušín, war sogar etwa zehn Jahre älter. Jedenfalls gingen sie auf den ersten Blick ganz anders miteinander um, als unsereiner je die Gelegenheit dazu gehabt hätte.

Mein älterer Bruder war schon immer sportlich begabt. Er wurde bald zum Star auf dem örtlichen Spielplatz, denn wenn er den Ball hatte, konnte ihn ihm niemand wegnehmen. Ein kleiner Pelé. Auch wenn die meisten Jungs, die versuchten, ihn zu fangen, Leichtathleten waren. Mein Bruder war eine Roma-Pelé. Mein Zwillingsbruder und ich lernten schnell Tennis und Tischtennis. So passten wir uns an. Allerdings wurden wir oft in die Rolle des Ballholers und Temperamentbremsers gedrängt, wenn mein älterer Bruder sich im Recht fühlte und seinen Ball mit den Fäusten verteidigen wollte. Aber wir passten uns an. Vor allem, weil wir am besten darin waren, uns untereinander zu streiten und die Gadže da rauszuhalten. Die Gruppe wuchs ziemlich schnell, so dass aus sechs Leuten sieben, acht, neun wurden... und manchmal waren wir so viele, dass wir nicht mehr auf den Platz passten. Eine Klassenkameradin, Bára, kam auch regelmäßig, begleitet von ihrer neurotischen Schwester Alena. Die glich eher ihrer Mutter, auf die mein völlig betrunkener Vater einmal während eines Meinungsaustauschs eine Mülltonne geschmissen hatte.

Aber wo viele Menschen sind, gibt es auch viele Probleme. Langsam aber sicher zeigte sich auch hier das Merkmal der Herkunft, und das bedeutete Ärger. Ich weiß nicht, ob mehr für uns oder für die anderen. Und so kam uns gelegentlich zu Ohren, dass wir als Zigeuner bezeichnet wurden. Und merkwürdigerweise kam es nicht von den Jungen, sondern von einem Mädchen. Die neurotische und vor allem böse Schwester meiner Freundin Bára, die ich von allen am liebsten mochte, begann sich in unserer Schule ähnlich wie die ehemalige Genossin Máderová zu verhalten. Was spielt es für eine Rolle, dass die meisten Leute sich für uns einsetzten. Und selbst ihre Freunde zeigten ihr des Öfteren die kalte Schulter. Was spielte es für eine Rolle, dass Luboš behauptete, auch ein Zigeuner zu sein – ein blonder Typ mit so heller Haut, dass ich ihn verdächtigte, Kalk zu verkaufen –, was spielte es für eine Rolle, dass meine Freundin Irena uns demonstrativ zu sich nach Hause einlud, um ein Video anzuschauen, das wir zuvor in der Wohnung meiner Freundin Bára und leider auch ihrer Schwester gesehen hatten. Dieser Moment ist für immer in meinem Gedächtnis eingebrannt als der Moment, in dem wir für eine Weile Freunde waren, aber dann wieder Zigeuner. Ich habe nie verstanden, wie ein nettes Mädchen wie Bára eine solche Schwester haben konnte. Die Bára, die so schön mit mir, Milada und Iveta alle Roma-Lieder sang, die wir ihr beibrachten. Unsere Vorstellung, in die örtliche Gesellschaft zu passen, bekam innerhalb von Sekunden einen schweren Knacks.

SIEBEN

Einige Jahre lang lebten wir recht glücklich in der I. P. Pavlova. Die Slowaken waren nicht mehr unsere Brüder, sondern Nachbarn, und ich war immer noch mit Milada und Iveta befreundet, war mit den Jungs vom Biberfluss unterwegs und viel weniger im Gemüseverkauf tätig. Aber ich ging immer noch in die Bibliothek in der Lublaňská und las vielleicht hundert Bücher aller Genres. Mein Vater bekam eine Beförderung und wurde Lagerleiter, so dass er sich einen ockerfarbenen Škoda MB kaufen konnte, mit dem er versuchte bei der Familie Eindruck zu schinden. Seine Fahrtkenntnisse ließen zu wünschen übrig, und so fuhr er das Auto wie einen Traktor. Noch schlimmer konnte nur noch Tante Olina fahren, die inzwischen aus der Emigration im damaligen Westdeutschland zurückgekehrt war. Sie war so klein, dass sie nicht über die Motorhaube sehen konnte, also fuhr sie aus Prinzip über Bordsteinkanten, und wenn sie einparkte, mussten wir alle aus dem Auto aussteigen, weil sie so viel Angst hatte, mit einem anderen Auto zusammenzustoßen und vor Aufregung schwitzte. Aber zu Hause waren wir dem Gadže-Ideal schon viel näher.

Da gab es einen Videorekorder, einen Kassettenrekorder und einen Farbfernseher. Meine Mutter arbeitete noch in der Metzgerei, so dass wir genug zu essen hatten, und da meine Großmutter inzwischen gestorben war, gab es niemanden, der uns das Essen wegnahm. Unser Leben begann, dem unserer Klassenkameraden zu ähneln. Sicher, ich hatte immer noch kein BMX-Rad, einen Aiwa-Walkman besaß in der Familie nur mein Vater, und von einem Schullandheim oder einem Zeltlager konnte ich nur träumen. Aber mein Bruder lief in Klamotten wie MC Hammer herum und ließ sich kleine Streifen auf dem Kopf rasieren, wie Vanilla Ice sie trug. Ich meine, zu der Zeit war das top stylish. Alle Partys der Banga-Verwandten verkürzten sich auf die Route Lužiny – Smíchov – I. P. Pavlova und alle waren mehr damit beschäftigt, es im Leben besser zu haben. Onkel Igor führte ein Geschäft, Onkel Marian zog nach Deutschland, wo er am liebsten kanadisches Bier soff, und Papa und seine Kumpane tranken fröhlich in den Lagerhallen der Firma für Farben und Lacke, wo sie auf sozialistische Weise arbeiteten – bis zwölf Uhr mittags und danach war Schluss. Aber sie bekamen dafür ein solides Gehalt. Und das war der Punkt.

Ich und mein Freund Tonda auf dem Parkáč – so nannten wir den Parkplatz in der Nähe der Nuselský-Brücke

In die Schule in der Legerka ging ich nicht mehr. Ich wurde rausgeschmissen. Na ja, nicht wörtlich. Ich wurde an eine andere Schule versetzt. Ich hatte mit meinen Klassenkameraden eine Wette abgeschlossen, dass ich einen Liter Tafelwein auf Ex trinken würde, und das tat ich auch. Und dann griff ich die Máderová an, die ich ohnehin hasste, mit einem Stuhl an, und der Alkoholrausch erlaubte mir in dem Moment, ihr zu sagen, was ich wirklich von ihr hielt. Dabei kotzte ich Oberst Dvořák an, der zu der Zeit Direktor dieser Institution war. Ich landete in der Alkoholabteilung der Kinderpsychiatrie. Dort blieb ich so lange, bis ich wieder nüchtern war. Zum Glück kann ich mich an diese sechs Stunden nicht mehr erinnern.

Mein Vater hatte mich damals rausgeholt. Und seitdem habe ich nie wieder einen Tropfen Rotwein getrunken. Er stinkt so sehr, dass ich ihn aus zehn Metern Entfernung riechen kann.

Bänke in der Nähe der Nuselský-Brücke – Parkáč

Meine neue Schule befand sich in Žižkov, und so kehrte ich dorthin zurück, wo ich herkam. Ich kam in die Gesamtschule auf dem Havlíček-Platz, wo ich im Jahr 1993 in die fünfte Klasse kam. Wenn ich bisher irgendetwas als Hölle bezeichnet habe, dann glich die Schule am Havličák wie eine Haftstrafe in einem Hochsicherheitsgefängnis. Ich betrat ein Klassenzimmer, in dem ich mich wie im Mittelalter fühlte, weil man mit dem Lehrplan genau da war, wo wir im Jahr zuvor in Legerka gewesen waren, und niemand zeigte das geringste Interesse daran, irgendetwas an dem Bildungsniveau zu ändern. Natürlich bestand die Mehrheit der Klasse aus Gadže, aber es gab auch eine Gruppe von Roma, so dass ich mich schnell einfügte und bald verstand, wie die Dinge in der Schule abliefen. Die Lehrer machten keinen Unterricht.

Ich auf dem Parkáč (Parkplatz in der Nähe der Nuselský-Brücke)

Sie betraten die Klasse, schrieben etwas an die Tafel und lasen dann etwas in ihren Schriften oder lösten Kreuzworträtsel. Störungen des Unterrichts kümmerten keinen Menschen. Warum denn auch? Das Einzige, was uns interessierte, war der Musikunterricht und für die Klügeren von uns der Kunstunterricht. In den anderen Klassen spielten wir Karten oder Schiffeversenken. Mein Klassenkamerad Filip überlegte immer, wie er eine sehr freizügige Mitschülerin dazu bringen könnte, uns ihre Brüste zu zeigen, die sie sonst jedem zeigte.

Es kam eine Zeit der Desintegration. Ich fand mich in einer Einrichtung wieder, die jener aus dem schrecklichen Film Bastarde sehr ähnlich war. Ich denke aber, der (Pseudo-)Regisseur von diesem Mist wurde gerade vom Havličák inspiriert.

ACHT

Auf dem Havličák galt die Grundregel: Der Stärkere gewinnt. Und ich hielt mich monatelang an meine Klassenkameraden Filip, Petr und Jirka, die mir sozusagen die Leibwächter machten. Wahrscheinlich brauchte ich sie nicht wirklich, aber die Cliquen der Schule waren sehr eindeutig. Gadže auf der einen, Roma auf der anderen Seite. Ein klassisches Beispiel für Integration gegen alles Geld. Erst später erfuhr ich, dass dies das Ergebnis einer Vereinbarung zwischen den Schuldirektoren von Žižkov war, die ihre Schulen auf diese Weise „säuberten". Und so waren die anderen Gesamtschulen ausschließlich Gadže vorbehalten, und Roma und Gadže aus sozial benachteiligten Familien, kurz gesagt, das, was von der Mehrheit als „Müll" angesehen wurde, landete im Havličák. Einschließlich mir. Für die integrierten Roma mit Struktur in ihrem Leben war dies der reinste Horror. Nicht, dass ich es nötig gehabt hätte, etwas zu lernen, aber ich war es gewohnt, als Schüler auf einem Stuhl zu sitzen, idealerweise an einem Tisch, und dem Lehrer zuzuhören, der zumindest das Bedürfnis verspürte, etwas zu erklären. Die Realität sah so aus, dass ich mit Filip, Peter und Jirka zusammen im Korridor saß und über die Weiber in der Schule quatschte. Natürlich bezog ich die meisten „Informationen" aus den entsprechenden Filmen und stellte mir die Frauen als Pornodarstellerinnen vor, die ich von den Pornoheften am Kiosk von Herrn Šroubek kannte. Aber als Diskussionsthema eigneten sich die Klassenkameradinnen immer. Zumal die aus der Oberstufe sich wohl tatsächlich irgendwie verdingten, bereit, für ein paar Kröten einiges von sich zu zeigen.

Den Gipfel des Ekels bildete der Mathelehrer Vorel. Ein rothaariger Zwerg in einem karierten Hemd, der uns nur mit „Schwarzärsche" ansprach. Es war keine Überraschung für mich, das kannte ich von der Legerka. Was mich allerdings hätte überraschen können, war der Grad der Überbeanspruchung des Begriffs. Ich glaube, noch nie im Leben hatte jemand so oft „Schwarzarsch" zu mir gesagt wie ein Lehrer im Matheunterricht. Ganz besonders hatte er Filip, der ihm körperlich weit überlegen war, auf dem Kieker. Eines Tages kam es dazu, dass er Filip körperlich angriff, als dieser einmal gegen die „Schwarzärsche" protestierte. Und so geriet ich in meine erste rein rassistische Schulschlägerei. Nur war es keine Schlägerei mit einem Klassenkameraden, sondern mit einem Lehrer. Um ehrlich zu sein, war ich auch zum ersten Mal ganz schön frustriert darüber, dass mein „sozialer Sta-

Magdalena und ich auf der Hochzeit meiner Schwester

tus“ ein schier unlösbares Problem darstellte. Und wieder sah ich, dass ich, egal was ich tat, immer ein Zigeuner bleiben würde, den man noch so beleidigen kann, wie man will, und wenn der Mathelehrer es möchte, kann er ihn auch verprügeln. Die Sache hatte nämlich ein Nachspiel. Und wie sollte es anders sein, die Bösen waren wir – die Roma. Der „arme“ Lehrer erzählte das Märchen von einem feigen Angriff unsererseits, dabei wollte er uns nur zum Lernen motivieren. Uns Roma-Jungen wollte niemand glauben. Und auch dann nicht, als ich bei fast allen Roma-Mitschülern in der Schule nachfragte und Dutzende von schriftlichen Bestätigungen vorlegte, dass andere Roma die gleichen Erfahrungen mit Vorel gemacht hatten wie wir. Ich machte mir zwar ein demokratisches Prinzip zunutze, um die Situation zu lösen, aber letztendlich hatte es mir nichts genützt, denn der weiße Mann hat immer Recht. Zigeuner lügen immer. Was machte es schon, wenn wir viele waren gegen nur einen Lehrer. Filip, Petr und Jirka bekamen einen Klassenverweis, ich einen Verweis vom Schulleiter. Was habe ich mich auch zu beschweren, nicht wahr?

Meine Frustration schlug in Wut um. Ich wollte es nicht auf sich beruhen lassen. Eine Zeit lang hatte ich vor, nach der Schule auf den Mathelehrer zu warten und ihm einfach die Fresse zu polieren. Schließlich hatte ich eine viel bessere Idee. Ich war schon in der sechsten Klasse und beschloss, wenn es nicht auf die harte Tour ging, müsste man mit Schlauheit ran. Also ging ich ins Parlament. Ja, richtig gehört! Ich zog das geblümte Hemd meines Großvaters an, ging zur Pforte und bat darum, Herrn Body, einem Roma-Abgeordneten und Verwandten mütterlicherseits, anzurufen. Es mag wohl stimmen, wenn er nicht ein Verwandter gewesen wäre, hätte ich wahrscheinlich gar nicht gewusst, dass wir einen Abgeordneten in der Familie haben. Und er wäre wahrscheinlich nicht gekommen. Aber mein Onkel schon. Ich schilderte ihm die ganze Ungerechtigkeit und bat ihn, mich zu jemandem zu bringen, der das Problem lösen könnte.

Ich stellte mir damals mindestens“ Václav Havel vor, oder seine Frau, wenn es nicht anders ginge. Lachend lud er mich zum Essen ein, ins Restaurant der Abgeordneten, danach schickte er mich mit der Bitte nach Hause, meine Mama möge ihn anrufen.

Und es passierte etwas. Plötzlich kamen Lehrer auf uns zu und fragten, wie sich der Konflikt wirklich zugetragen hatte. Wir schilderten unseren alltäglichen Unterricht mit dem Mathelehrer. Und zum ersten Mal hatte uns jemand zugehört und weder mich noch Filip, Jirka und Petr angebrüllt. Wir konnten von unserem Unwohlsein berichten, wenn uns der Lehrer wieder einmal beleidigte. Es kam die Zeit, da wurde mir die Macht der „Netzwerke“ bewusst. Eine Möglichkeit, sich seinen Platz zu erobern, auch wenn die Schule voller fauler Gadže, Degeši und Roma ist, die alle auf den gleichen Zug aufspringen, ohne es wirklich zu wollen.

NEUN

Meine erste Erfahrung mit Lobbying hatte ein Nachspiel. Ich wurde rausgeschmissen. Schon wieder. Also offiziell wurde ich einfach an eine andere Schule versetzt, inoffiziell sind sie mich einfach losgeworden. Gott sei Dank. Ich mag der erste Banga gewesen sein, der von drei Gesamtschulen geflogen ist, aber dieser Titel hat mir definitiv nichts ausgemacht. Ich war traurig, dass ich Filip, Jirka und Petr nicht mehr sehen würde, aber alles andere war besser als der Havličák! Meine nächste Station war die Schule, in der ich in das damalige tschechoslowakische Bildungssystem integriert wurde: die Schule in Vlkovka. Heute nennt sie sich zwar Jaroslav-Seifert-Gesamtschule, aber ansonsten war es die alte Vlkovka, mit ihren Drahtgarderoben, einem dicken Hausmeister und mehreren Generationen der Bangas. Mein Vater ist dort zur Schule gegangen, meine Tanten und auch meine Schwester. Eine Vorzugsschülerin, was sonst. Meine Familie war sozusagen in zwei Hälften geteilt. Es war ganz klar, wer ein Loser und wer ein Streber war. Mein älterer Bruder und ich waren die Loser, die, bei denen die Mädels abhingen. Die Loser, die wussten, wie man Geld verdient, und die Loser, von denen die Streber lernten, wie man sich auf der Straße durchsetzte. Wir wussten einfach nicht, wie man lernt, und vor allem wollten wir auch nicht lernen. Aber hier geriet ich in eine Klasse, in der es von Losern nur so wimmelte.

Wenn ich mich irgendwo wirklich wie ein Genie gefühlt hatte, dann in der sechsten Klasse in der Vlkovka. Meine Klassenkameraden, sahen bei allem Respekt nicht gerade wie Genies aus und verhielten sich auch nicht so. Wie sollte es anders sein, ich war in der C-Klasse. So war das damals geregelt. Wenn man superschlau war, kam man in die A-Klasse. Wer weniger schlau war, ging in die B. Die Dummen gingen in die C. Und so wurde ich ein inoffizieller Trottel. Das war mit das Beste, was mir passieren konnte.

Ich musste mich in der Schule überhaupt nicht mehr anstrengen. Mit Tschechisch hatte ich nie Probleme, in Mathe wurden wir von einem völlig verwirrten Lehrer namens Budil unterrichtet, dem es reichte, wenn man seine eigene Frage langsam wiederholen konnte, und dafür wurde man auch noch für die gute Vorbereitung gelobt. Englisch, das damals neu war, wurde mir von einem sprachbegabten Klassenkameraden namens Novák beigebracht, und den Rest bewältigte ich mit einem Lehrbuch, in das ich meist kurz hineinschaute, bevor mich die Lehrerin aufrief. Endlich hatte ich also Zeit, mich richtig für Mädchen zu interessieren. Und dabei war es egal, ob es meine Klassenkameradin Sabrina oder die andere Klassenkameradin, Lucka Mrvíková war, die ich offiziell hasste. Inoffiziell war sie das absolut hübscheste Mädchen der ganzen Schule, das ich sehr mochte, und auch die Schwester einer anderen Novák in der Klasse, Monika, die ich bis heute mag. Die erste „Lehrerin“ war allerdings die Neuntklässlerin Vendula, von der ich auch meinen allerersten Zungenkuss bekam. Ich habe genug im Havličák gesehen, für ein paar Kronen haben die Weiber einem alles gezeigt. Aber dieses Mal war es anders. Ich hatte meine erste Beziehung. Denn es war die Zeit der Musikproduktionen und die Zeit, in der ich verstand, dass Frauen und bessere Noten mir zuflögen, wenn ich erst einmal spielte und sang. Und so tönten in den Straßen um die Vlkovka in Žižkov nicht irgendwelche Csárdás-Tänze der Roma, sondern Songs aus dem Film Ein Brunnen für Zuzana. Mit meinem perfekten Slowakisch machte ich mich nicht nur bei meinen Mitschülerinnen beliebt, sondern auch bei den Lehrerinnen, die in die Schulaula strömten, in der ein Konzertflügel stand, um mir zuzuhören. Endlich hatte ich das Gefühl, von den anderen akzeptiert zu werden, obwohl wir nur drei Roma an der Schule waren. Monika Slivková, die Schwester von Jirka Oláh aus der ersten Klasse, Roman Dreveňák und ich. Die anderen waren im Havličák geblieben.

Aber meine Herrschaft endete vor den Toren der Schule. Sobald ich nach draußen trat, war ich wieder ein schnöder Ziggo. Das zeigte sich vor allem darin, dass meine Klassenkameradin Petra, mit der ich zusammenkam, gleich nachdem ich Vendula den Laufpass gegeben hatte, sich draußen nicht zu mir bekannte. Wenn ihr Vater, der Gemüsehändler, sie mit mir gesehen hätte, wäre es das Ende gewesen. Jeder Kontakt zwischen einem Gadžo mit einem Roma war damals undenkbar. So konnte ich sie nicht einmal vor dem Haus in der Kubelík-Straße abholen, in dem sie wohnten, geschweige denn mit ihr ausgehen. Und so teilte ich meine Zeit auf zwischen der Wohnung der Eltern meines Kumpels Tonda aus der siebten Klasse, der zu Hause ein Klavier rumstehen hatte und mit dem ich übte, den Jungs vom Biberfluss auf dem Pavlák und den Roma auf dem Kostnický-Platz oder bei der Kirche in Vlkovka. In dieser Zeit waren wir ständig unterwegs. Und wir haben die ganze Zeit gespielt. Jedes Roma-Kind in Žižkov konnte Klavier, Gitarre, Bass und etwa eine Million anderer Musikinstrumente spielen, und so saßen wir den ganzen Tag und die ganze Nacht draußen und spielten alle Roma- und Nicht-Roma-Hits. Ich nannte es „Jukebox". Es war eine Zeit, in der die Gadže, die auf den Fensterbänken saßen, uns zuhörten, und nervös nach uns fragten, wenn wir uns mehr als zwei Tage lang nicht blicken ließen.

Doch eines Tages fuhr die Polizei vorbei. Bis heute kann ich mich an die modernen Škoda Formans erinnern (es waren wirklich hässliche postrevolutionäre Modelle), die auf den Kostnický-Platz kamen und aus denen etwa drei Mannschaften von Polizisten heraussprangen. Angeblich eine Personenkontrolle. Wer auch immer einen Ausweis dabei

Kostnický Platz in Prag 3, hier hatte mich zum ersten Mal die Polizei angehalten.

hatte, rückte ihn raus. Ich und ein paar andere hatten keinen dabei, aus dem einfachen Grund, weil wir noch nicht fünfzehn waren. Sie stellten uns nebeneinander auf wie Leute, die man ins Lager abführen wollte, so kannte ich es aus den Schilderungen meiner Verwandten, die den Krieg miterlebt hatten. Wir nannten den Polizisten unsere Namen und die Geburtsdaten. Plötzlich kam die Frage auf, wo wir die Gitarren gestohlen hatten. Damals hatte ich überhaupt nicht kapiert, was der Polizist damit meinte, also habe ich gefragt. Ich bekam eine verpasst, dass ich gegen das Geländer donnerte, an dem wir standen. Wir wurden alle einkassiert und zur Polizeistation in die Lupáčov-Straße gebracht. Ich war dreizehn und zum ersten Mal in meinem Leben war ich mit Händen auf dem Rücken mit Handschellen gefesselt.

Auf der Polizeiwache warteten wir auf unser Verhör, eingesperrt in zwei kleine, gepolsterte Zellen. Ich und Jirka, der ehemalige Klassenkamerad aus dem Havličák, harrten etwa drei Stunden lang in der Zelle aus, bevor ich an der Reihe war. Vorname, Nachname, Wohnort... und dann plötzlich Fragen zu verschiedenen Gegenständen auf Fotos, die man mir unter die Nase hielt. Sie fragen mich, ob ich Autoradios oder Fernseher gestohlen habe. Als ich nein sagte, bekam ich eine weitere verpasst und wurde angebrüllt, ich solle aufhören zu lügen. Die Beschimpfungen von dreckigen Schwarzärschen und Niggern prasselten nur so auf mich nieder, dass ich aufhörte, sie wie auch jede andere Ohrfeige wahrzunehmen. Dieses „Verhör" dauerte etwa vierzig Minuten. Dann luden sie uns in Autos, brachten uns an den Stadtrand von Prag und fuhren wieder davon. Wir sind zu Fuß von Počernice nach Žižkov gelaufen. Verprügelt und verheult. Und vor allem mit dem Wissen, dass jeder Polizist uns ungestraft schlagen konnte, wann immer er wollte. Integration unmöglich, für uns gab es keine Rechte.

ZEHN

Nein, ich kann nicht behaupten, dass alle Gadže gleich waren. Nicht jeder Gadžo war ein Polizist, der mich um jeden Preis verprügeln wollte, weil es ihm Spaß machte. Als ich übrigens später mit einem Polizisten zusammenarbeitete, der zu dieser Zeit in Žižkov Dienst tat, sagte er mir ganz offen, dass dies für sie eine Möglichkeit war, die Zeit totzuschlagen und den Roma Angst einzujagen. Und obwohl er sich entschuldigt hatte, ist diese Ungerechtigkeit nie aus meinem Gedächtnis verschwunden. Aber ich habe auch viele Gadže in meinem Leben getroffen, die mich positiv beeinflusst hatten. Eine der ersten war sicherlich die Schulleiterin aus der Vlkovka – Frau Mardešičová, der ich als erster erzählte, was die Polizisten mit uns gemacht hatten. Sie war es auch, die meine Mutter davon überzeugen wollte, eine Beschwerde einzureichen und zu versuchen, die Sache offiziell zu klären. Aber meine Mutter hatte viel mehr Angst vor der Polizei als ich. Sie erinnerte sich gut an den Sozialismus, als die Polizisten noch viel schlimmer waren. Eine weitere Person, die mich sehr beeinflusst hat, war Frau Zezulková. Die Anwältin, in deren Büro meine Mama früher am Tyl-Platz geputzt hatte. Dank ihr hatte ich zum ersten Mal in meinem Leben das Gefühl, dass ich etwas lernen konnte. Als Kinder mussten wir mitgehen, um meiner Mutter beim Putzen zu helfen. Und wenn ich einen Moment Zeit hatte, las ich dort oft in Büchern über Gerichtsverfahren und Möglichkeiten der Verteidigung. Frau Zezulková war überdies eine sehr nette und hilfsbereite Dame, und wenn ich etwas nicht verstand, konnte ich sie alles fragen. Schließlich lieh sie mir sogar Gesetzesbücher, und ich las die rechtlichen Bestimmungen der verschiedenen Straftaten, was eines der Dinge war, die mich ein Leben lang begleiteten. Strafrecht, das war meins. Ich weiß nicht, ob ich mich mehr für eine berufliche Zukunft in diesem Bereich interessierte oder für die Möglichkeit, mich zu verteidigen, wenn die Polizei mich eines Tages wieder verprügeln sollte. Aber ich war von den Paragrafen besessen und lernte die rechtlichen Bestimmungen auswendig.

Und in dieser Anwaltskanzlei konnte ich zum ersten Mal in meinem Leben einen richtigen Computer ausprobieren. Ich meine nicht einen mit den simplen Programmen, die damals in der Bibliothek des Kulturzentrums der Eisenbahner standen und auf denen man für ein paar Kronen stundenlang primitive Spiele spielen konnte. Ich meine einen richtigen Computer mit Windows 3.1x, mit einer Festplatte und einem Monitor, der sechzehn Farben darstellen konnte. Damals war es ungefähr so, wie wenn jemand heute einen bittet, in einen Porsche Carrera 911 einzusteigen. Für ein Kind aus der Roma-Gemeinschaft war das etwas ganz Besonderes. Man muss sich vorzustellen, dass ein Computer, der nicht einmal ein Hundertstel der Leistung der heutigen Apple-Uhr erreicht und nur sechzehn Farben darstellen kann, damals einundvierzigtausend Kronen kostete. Das entsprach für den Großteil der Nation zehn Monatsgehälter. Heute wäre das ungefähr eine Viertelmillion Kronen.

Frau Zezulková mochte mich und erlaubte mir, fast alles am Computer zu machen. Also ging ich mit meiner Mutter und den Büchern aus der Bibliothek zur Arbeit, putzte stundenlang und verbrachte dann noch weitere Stunden damit, in einem Programm zu arbeiten, das aus den von mir definierten Zeichen Muster erstellen und sie mit Hilfe der Konsole anzeigen konnte. Und von wegen mit einem Klick auf Icons weiterkommen, keine Automatisierung von Abläufen. Alles schön von Hand, mit Befehlen. Meine Mutter hatte keine

Ahnung, was ich da am Computer anstellte. Sie war von der alten Schule und kam aus einer Gegend, wohin sich die meisten von uns heute nicht mehr hintrauen würden. Ein Computer war für sie wie für einen Nicht-Piloten ein großes Transportflugzeug. Aber sie blieb lange Zeit mit mir im Büro, damit ich lernen konnte, das Gerät zu bedienen, von dem ich später leben sollte und das mich heute noch ernährt.

Die anderen Anwälte in der Kanzlei erlaubten mir schließlich, ein einfaches Datenbankprogramm auszuprobieren, das nach einem vorgewählten Code nach Paragrafen in Gesetzesbüchern suchen konnte. Die Funktionsweise dieses wirklich einfachen Programms lernte ich so schnell, dass ich schon bald den älteren Juristen mit dem Computer helfen musste, die langsamer lernten als ich. Die jüngeren Anwälte hingegen zeigten mir, wie man den Computer öffnen konnte, um ihn zu entstauben. Und schnell begriff ich, wo sich der Prozessor des Computers, das Betriebssystem, der Speicher oder die Festplatte befand.

Nach einigen Monaten war ich in der Lage, das Powersoft T602 zu benutzen und konnte es nach Angaben manuell überschreiben, was ich außerhalb der Putzstunden meiner Mutter tat. Es muss ein lustiges Bild abgegeben haben: Dort die Notare im Jackett für drei Monatsgehälter und ich am Computer, gekleidet in Billigklamotten vom Discounter, der darauf wartet, bis die Mama vom Putzen kommt und dann mit ihr nach Hause geht.

Ich war wieder einmal die Attraktion. Diesmal jedoch plärrte ich nicht auf dem Platz herum und pries die besten europäischen Einmachgurken an, sondern hämmerte in die Tastatur und überschrieb ein Dokument nach dem anderen. Bis eines Tages Frau Zezulková auf mich zukam und mir sagte, dass sie einen der Computer aussortieren würde und ich ihn gerne mit nach Hause nehmen könnte. Ich wurde bleich wie der Mond und fragte immer und immer wieder, ob der Computer wirklich mir gehörte, und immer wieder erhielt ich die gleiche Antwort. Mein Computer! Ich musste mich nicht mehr vor Freunden aus reichen Familien rechtfertigen, die einen Computer zu Hause hatten, oder ihn nachts im Büro ausprobieren mit der Angst im Nacken, etwas zu löschen oder kaputt zu machen.

Dass ich an diesem Tag geweint hatte, habe ich nie jemandem erzählt. Ich zog mich diskret auf die Toilette zurück. Bis dahin hatte ich eigentlich nie das bekommen, was ich wirklich wollte. Ich bin in einer so armen Familie aufgewachsen, dass ich die Schuhe von meinen Geschwistern auftragen und mir von klein auf alles selbst verdienen musste. Wenn ich nicht gerade Gurken verkaufte, wusch ich Autos an der Kreuzung. Und plötzlich hatte ich einen Computer – der Traum eines jeden Jungen. Mit Diskettenlaufwerk, Monitor, Tastatur, Maus, und obendrein bekam ich einen Epson-Nadeldrucker geschenkt. Dabei hatten wir zu Hause nicht einmal einen Schreibtisch, auf den ich den Computer hätte stellen können. Ich positionierte ihn auf einer winzig kleinen Platte eines alten Hockers, die ich mit Nägeln repariert hatte. Aber nun war ich der Besitzer eines Computers. Plötzlich war ich nicht mehr der Dummkopf in der Klasse, ein Computerfreak in Theorie. Ich wurde ein Computerfreak im realen Leben und ich konnte an meinem Rechner absolut alles ausprobieren. Ich persönlich kannte keine anderen Roma, der sich für Computer interessierte. Aber da wir nun einen Computer zu Hause hatten, konnte jeder kommen und ihn ausprobieren. In einer Wohnung auf dem Pavlák, in der es schimmelte, stank und kalt war und in der es statt eines Kinderzimmers nur drei Betten und einen Schwarz-Weiß-Fernseher gab, wurde das erste kommunale Datenzentrum eingerichtet. Die jungen Roma bekamen endlich die Technologie des 21. Jahrhunderts in die Hand, und es war das Werk einer Anwältin, die schlicht und einfach daran glaubte, sie könne mich weiterbringen. Und obwohl sie es vielleicht nie erfahren wird, hat sie mein Leben für immer verändert.

ELF

Damals kamen zu den Gadže, den Roma, die Oláh-Roma, und den Christen zwei weitere Gruppen hinzu: Die Nazis, die sich damals Skinheads nannten (wir nannten sie kurz „Skins"), und die Polizisten, mit denen ich bereits Erfahrungen gemacht hatte. Sehr oft kam es zu Überschneidungen zwischen diesen beiden Gruppen, was sich in der Regel darin äußerte, dass die Bullen einen Roma herauspickten, ihn mitnahmen und verprügelten. Wir wussten also alle, dass wir den Faschisten aus dem Weg gehen mussten, egal ob sie eine Uniform trugen oder eine Bomberjacke und einen kahlgeschorenen Kopf. Es kam auf dasselbe hinaus. Wir hatten vor beiden Angst. Wir waren uns sicher, dass, wenn etwas passiert, die Skins ungestraft davonkommen würden und dass die anderen Skins, die in Polizeiuniformen, sich der Sache annehmen würden. Ironischerweise waren die ursprünglichen Skinheads Patrioten, die gegen Rassismus und Drogen waren, aber keine Verbindungen zur Politik hatten. Im tschechischen Kontext waren sie glatzköpfige Säufer, die grüne Jacken und weiße Schnürsenkel in schweren Lederstiefeln trugen. Man konnte sie bei den politischen Veranstaltungen von Dr. Sládek sehen. Mit seinen faschistischen Ansichten stellte er selbst Adolf Hitler in den Schatten. Und sicher konnte man ihnen bei jedem Konzert der Band Orlík begegnen, die für Skinheads sowas wie Karel Gott für Rentner war. Und auch im Restaurant U Holanů, das eine lokale Nazi-Bastion war.

In diesem Lebensabschnitt musste ich also die ganze Zeit aufpassen, um den Skins aus dem Weg zu gehen, und immer wenn ich eine Uniform sah, bekam ich Panik und machte mich so schnell ich konnte davob. Die Polizisten, die mich in der Lupáčovka verprügelt hatten, haben sich für immer in mein Gedächtnis eingebrannt, und ich erinnere mich noch heute daran, selbst wenn ich nur von der Verkehrspolizei kontrolliert werde. Die Menschen um mich herum begannen sich zu spalten in solche, die mit den Skins sympathisierten, und solche, die sie hassten. Noch heute kann ich nicht nachvollziehen, wie es möglich war, dass es so viele Sympathisanten gab. Es gab Situationen, in denen ein Klassenkamerad, mit dem ich zusammen zum Fußball ging, seine neuen Freunde auf mich ansetzte. Freitags ein Freund, montags ein Nazi und die Parole „Schwarzärsche ins Gas".

Der Vorteil der Skinheads war, dass sie leicht zu erkennen waren. Die Schnürsenkel, die Bomberjacke und der Baseballschläger waren nicht zu übersehen. Aber daneben begann der ganz gewöhnliche Rassismus dort aufzutauchen, wo man ihn eigentlich nicht erwarten würde. So fragte mich der Arzt, bei dem ich seit klein auf in Behandlung war, bei einer Gesundheitsuntersuchung in meiner Kindheit fast beiläufig, welche Drogen ich nahm. Jeder wusste, dass Zigeuner Drogen nehmen. Ich war vierzehn. Die einzigen Drogen, die ich je gesehen hatte, waren in den Filmen, die wir auf Videotapes guckten.

Jeder Roma wurde in den Geschäften von Sicherheitsleuten verfolgt, und persönliche Durchsuchungen nach dem Einkauf waren an der Tagesordnung. Niemand kann sich vorstellen, wie beschämend es war, jedes Mal kontrolliert zu werden, nachdem man von der Mutter zum Milchholen in den Supermarkt geschickt wurde.

Das ging so weit, dass wir uns daran gewöhnten und allmählich anfingen, uns darüber lustig zu machen. Gibt es ein größeres Gefühl der Sicherheit und des Schutzes, als zu wissen, dass jemand bei Einkaufen um einen herumscharwenzelt? Ist doch eigentlich klasse!

Aber im Máj, einem Kaufhaus auf der Národní třída, ist mir einmal das Lachen vergangen. Ich war mit zwei Freunden auf einer Geburtstagsfeier eingeladen und wir hielten an, um ein kleines Geschenk für die Gastgeberin zu kaufen. Michal, Miky genannt, Hanz und ich. Der eine blond, ein ehemaliger „Fascho", der mit meiner Freundin Bára zusammen war, der andere zwar nicht blond, aber umso weißer, der für jeden Spaß zu haben war. Ich war der einzige Rom, und umso mehr im Fadenkreuz der Sicherheitskräfte. Wir bezahlten und packten unsere Einkäufe in eine Tüte hinter der Kasse. Der Typ von der Sicherheitsfirma stellte keine Fragen, er sagte nur, wir sollten mit ihm gehen. Wir haben nicht verstanden, was er von uns wollte. Also weigerten wir uns. Und dann ging es los, wie bei einem Fußballkampf. Fünf glatzköpfige Skinheads stürmten herein, maskiert nur durch die Tatsache, dass sie schwarze Uniformen statt Bomber trugen und die Baseballschläger fehlten. Sie schleiften uns in ein Hinterzimmer des Kaufhauses, wo es ähnlich aussah wie auf der Polizeiwache in Lupáčovka. Aus heutiger Sicht war es zum Teil lustig, wie sie uns behandelten. Miky und Hanz wurden von ihnen gesiezt und gebeten, ihnen freundlicherweise die Quittung zu zeigen und die Einkäufe aus der Tüte auf den Tisch zu legen. Mich hingegen schrien sie an, ich solle sofort meine Taschen leeren, sonst würden sie mich blutig schlagen. Und wieder durfte ich mir anhören, ich sei ein Schwarzarsch, ein Zigeuner und ein Dieb. Es war sofort klar, wer zu wem gehörte. Hätte ich ein Tonbandgerät gehabt, hätte ich es aufgenommen und bei der nächsten Gelegenheit selbst abgespielt, um ihnen Zeit zu sparen. Die Faschos hatten keine besonders komplexe Sprache und ihr Wortschatz beschränkte sich auf Zigeuner, Neger und Schwarzärsche. Die Klügeren kannten das Wort Parasit. Das war der Ausdruck, den ich mir später anhören sollte. Nur kannte ich ihn noch nicht.

Ich bekam es langsam mit der Angst zu tun. Diese Typen sahen nicht so aus, als ob sie sich nur unterhalten wollten.

Auf dem Tisch lagen Schlagstöcke und auf den Fliesen der vergitterten Ecke des Raumes waren deutliche Blutspuren zu sehen. Bestimmt war dort in der Vergangenheit jemand verprügelt worden. Ich fing lieber an, meine Taschen zu leeren und alles auf den Tisch zu legen. Als ich fertig war, durchsuchten sie mich und stellten fest, dass ich nichts gestohlen hatte. Statt einer Entschuldigung und einem peinlichen Hinausbegleiten aus dem Gebäude bekam ich eine Faust ins Gesicht. Verdient, hatte es doch gewagt, nicht zu stehlen. Und in dem Augenblick brach ein Handgemenge aus, das von außen grotesk aussehen musste, von innen aber so, als würde ich mindestens meine Zähne verlieren. Miky und Hanz wollten nicht tatenlos dabei zusehen, wie ich verprügelt wurde und begannen, mich aktiv zu verteidigen. Eine Schlägerei mit allem, was dazugehört, brach aus. Mit Fäusten, Gegenständen, die umhergeworfen wurden, einem fehlgeleiteten Schlag, der die Wand statt meinen Kopf traf, und viel Fluchen. Aber dieses Mal wurde nicht nur ich beschimpft, sondern von beiden Gruppen hagelte es gleichzeitig Schimpfwörter. Ich konnte mich auf keinen Fall geschlagen geben und das Wissen, dass wir zu dritt waren, machte mich stärker, selbst gegen ältere und schwerere Gegner, und die Angst verlieh mir eine Kraft, von der ich nicht einmal wusste, dass ich sie besaß. So wandte sich ziemlich schnell das Blatt und unser jugendliches Trio machte die Sicherheitsfaschos fertig.

Erst die Polizei beendete das Spektakel. Bis heute weiß ich nicht, wie diese Polizisten dorthin gekommen sind. Aber bevor ich etwas zu meiner Verteidigung sagen konnte, lag ich mit dem Gesicht nach unten auf dem Boden, bekam Handschellen angelegt und hatte zwei Polizisten auf dem Rücken. Sie luden uns in ein Auto und fuhren uns zur Bartolomějská-Straße. Wie es dort aussah, wusste ich noch nicht, aber ich war mir ziemlich sicher, dass ich wieder wie ein Hund verprügelt werden würde. Ich wartete zwei Stunden lang auf mein Verhör. Miky und Hanz hatten einen Ausweis, also konnten sie gehen. Ich hatte keinen Ausweis, weil ich noch keine fünfzehn Jahre alt war. Also musste ich warten. Sie steckten mich in eine Zelle, in der noch einige andere Leute saßen. Eine Nutte, ein betrunkener Obdachloser, der sich in die Hose gemacht hatte, ein Junkie ... also genau wie in einem amerikanischen Film. Nur dass dies kein Film war.

Endlich kam ich an die Reihe. Es war alles da. Ein Stuhl, ein Tisch und zwei Polizisten. Der gute Bulle und der böse Bulle. Das Einzige, was fehlte, war das Licht. Etwa eine Sekunde, nachdem ich gefragt hatte, warum ich dort war, bekam ich eine gescheuert, wohl um bessere Laune zu bekommen. Ich hatte erwartet, dass man mich nach dem Vorfall im Kaufhaus fragen würde. Aber davon war nicht die Rede. Genau wie in der Krimiserie Kojak und mit dem Wissen, das ich in der Anwaltskanzlei aufgeschnappt hatte, sagte ich den Polizisten, dass ich meine Mutter auf der Arbeit anrufen wollte. Freilich, die Polizisten waren amüsiert. Aber nicht über das, was ich vorhatte, sondern über die Behauptung, dass meine Mutter arbeiten würde. Sie ließen mich nicht telefonieren. Stattdessen brachten sie Bilder von Autos, Radios, Fernsehern und zerbrochenen Fenstern und fragten mich, wo überall ich an diesen Orten gewesen sei. Und wieder begann der Kreislauf, den ich aus Lupáčovka kannte. Antwort, Ohrfeige, Schrei. Eine weitere Stunde des Elends, aber ich ertrug sie viel besser. Ich wusste nämlich, dass sie mich früher oder später würden gehen lassen müssen. Nur wusste ich nicht, ob sie mich wieder aus der Stadt bringen oder mich die Station verlassen lassen würden, was dann schließlich auch geschah. Und wieder wurde ich verprügelt, und wieder hatte ich keine Ahnung, was ich verbrochen hatte. Aber ich weinte nicht mehr, ich hasste diese Leute nur noch mehr, und ich wusste, dass mir beim nächsten Mal die Schläge nichts mehr ausmachen würden.

Eine Phase der Gewöhnung hatte begonnen. Und ich sollte mich daran gewöhnen, dass polizeiliche Verhöre ein fester

Bestandteil meines Aufwachsens in Mütterchen Prag werden sollen. Bastel dir deinen eigenen Zigeuner-Verbrecher. Denn wenn du jemandem eintrichterst, er wäre so, dann wird er es eines Tages auch glauben.

ZWÖLF

Ich war am Ende der achten Klasse und damit in dem Alter, in dem über den weiteren Schulweg entschieden wurde. Für meinen Zwillingsbruder war die Sache klar, er wollte auf die Handelsschule. Und so legte mein Bruder sich ins Zeug und schleimte sich bei den Lehrerinnen ein, wie es seine Gewohnheit war, und dafür unterstützten ihn die Lehrerinnen.

Ich und mein älterer Bruder fuhren nach wie vor die alte Schiene. Parties, Gitarren, Fußball und Weiber. Während der Zwilling das „Symbol der Reinheit" war, wie er immer genannt wurde, waren wir in jeder Hinsicht das „Symbol der Straße". Und als Straßenkinder waren wir die ersten, die mit jemand anderem als einem Nazi oder einem Polizisten in Konflikt gerieten. Ich und mein Bruder nahmen es mit einer gewissen Vilda auf, einem Roma, der der Schrecken vieler Kinder in Vinohrady war. Vilda war ein dreißigjähriger Psychopath, der sich mit einem Haufen Jugendlicher umgab und den ganzen Tag nichts anderes zu tun hatte, als durch Vinohrady zu streunen, und jedes Kind, das ihm begegnete, auszurauben. Wenn sich ein Kind wehrte, gab es Haue. Logischerweise war er nie allein. Diese Degeši hatten nur Mumm, wenn sie zu fünft oder mehr waren.

An diesem Tag hatten wir im Parkáč Fußball gespielt. Das ist der heutige Parkplatz der Stadtpolizei, direkt an der Nuselbrücke. Dort trafen sich in jenen Jahren alle Jugendlichen der Gegend, auch wir Geschwister. Vilda kam und griff wie immer sofort ein Kind an, das in der Nähe spielte. Vilda war

Ich beim Konzert unserer Band BangaShitsBand
am 17. September 1997 in Žižkov.

dreißig, das Kind war elf. Ein fairer Kampf. Und nur einen Augenblick später sahen wir aus der Ferne, wie der Psychopath unser lokales Symbol der Reinheit, nämlich meinen Zwillingsbruder, angriff. Er klaute ihm die SIM-Karte aus dem Handy raus und verprügelte ihn obendrein.

In diesem Moment wurde ich zum Aggressor. Ich weiß nicht, was mir durch den Kopf schoss. Ich wusste, wer Vilda war, und ich wusste, wie viele Kinder er verprügelt oder schikaniert hatte. Und ich hatte so viel Angst vor ihm, dass ich ohne Vorwarnung so hart zuschlug, dass er sofort zu Boden ging, und dann droschen mein Bruder und ich ihn so schnell auf ihn ein, dass seine Gruppe gar keine Chance hatte zu reagieren. Selbst Vilda war machtlos, und er hat ein paar Zähne verloren. Am Abend mussten man mir die Hälfte eines Zahns, der sich mir unter die Haut gebohrt hatte, herausziehen.

Danach galten mein Bruder und ich noch ein paar Jahre lang als Helden, denn es sprach sich schnell herum, dass der Typ, vor dem sich viele Jugendliche so fürchteten, von Jungs wie uns wie der letzte Dreck verprügelt worden war. Und einige Jahre später gab uns der Vater eines der verprügelten Kinder Bier aus, als Dank dafür, dass wir seinen Sohn aus Bohnice gerettet hatten, wo er in Behandlung war, nachdem Vilda ihn schikaniert hatte. Im Nachhinein denkt man, dass wir uns gut geschlagen hatten. Aber wie sinnvoll war es, dass Roma sich untereinander prügelten? Ich war immer der Meinung, dass Roma zusammenhalten sollten, weil wir nicht wussten, wer zuerst auf uns losgehen würde. Eigentlich gefiel mir die Art und Weise, wie die Jungs vom Biberfluss miteinander umgingen, viel besser, und sie waren auch nett zu uns, zumindest bis bei einigen von ihnen das Gefühl der rassischen Überlegenheit die Oberhand gewann. Die meisten Leute waren aber nett zu uns, und wir sind bis heute befreundet. Und wir Deppen prügelten uns untereinander.

Was ich dachte, war eine Sache. Die andere war Realität, und erst viel später habe ich herausgefunden, dass der wahre Grund, warum ich in den Konflikt ging, wieder die Polizei war. Im Moment der Bedrohung sah ich wieder einen Polizisten vor mir, der mich verprügelte, und ich hatte solche Angst, dass ich nicht noch einmal geschlagen werden wollte. Umso energischer war ich beim Angriff. Und das galt später nicht nur für diesen Konflikt. Ich hatte mir hinter die Ohren geschrieben, dass Angriff die beste Verteidigung war. Ja, ich mutierte zum Raufbold. Aber hatte es irgendeinen Sinn, irgendjemandem zu erklären, dass ich von dem Gadže, der mir seit meiner Kindheit erzählt hatte, was für ein Schläger ich war, zu einem gemacht worden war? Wer hat mir zugehört, als ich sagte, dass ich Angst vor der Polizei habe, weil sie mich verprügeln kann, wann immer sie will, weil ich für sie ein Untermensch bin? Für mich ist es zum Prinzip geworden, Sachen auszuhalten. Und im Idealfall alles zu ertragen. Auch die Enttäuschungen des Lebens.

Die wirklich Entscheidende kam, als ich mich für die weiterführende Schule bewerben wollte. Meine Mutter machte sich Sorgen, wie sie so viele Kinder in Ausbildung finanzieren sollte, aber ich wollte einfach nur auf eine Schule gehen um mein Abitur zu machen, das war damals schon eine Art kleine Hochschule. Ich hatte auch schon einen Plan, wie ich die Schule finanzieren konnte. Jobs, Autos waschen, Gemüse verkaufen. Ich wollte alles kombinieren, nur um in die Schule zu kommen und mich dort zu halten. Und idealerweise hätte es eine Schule sein sollen, wo ich mit Computern arbeiten konnte.

Schon damals lieh ich mir von Freunden Handbücher für Windows 95 aus und besorgte mir Informationen über die Vernetzung von Computern. Ich hatte einen Traum und wollte ihn leben! Aber ich traf auf eine Sozialarbeiterin, der mich davon überzeugte, dass Kinder wie ich nicht aufs Gymnasium gehörten, weil uns Zigeuner nach der Schule sowieso niemand beschäftigen würde, außer in einer Werkstatt oder auf einer Baustelle. Und ich Trottel habe wirklich alles geglaubt, was die Sozialarbeiterin mir erzählte. Ich war vierzehn, zu Hause gab es keine Vorbilder. Meine Mama war Putzfrau und mein Vater ein Lagerist. Ich wurde Opfer der gleichen Vorurteile, die auch heute noch gelten. Ein Achtklässler mit der Vision, den Rest seines Lebens als Maurer oder Autoreparateur zu verbringen oder schlimmstenfalls Gräben auszuheben oder einen Müllwagen zu fahren. Aber ich wollte das alles nicht. Denn ich glaubte, dass die Gadže mich respektieren würden, wenn ich eine Ausbildung hätte. Ich glaubte, mit einem Titel vor meinem Namen dürften mich die Polizisten nicht mehr verprügeln. Dabei wollte ich eigentlich gar nicht so sehr für mich selbst studieren. Ich wollte den Gadže beweisen, dass ein Roma genauso leben kann wie sie. Dass er gesiezt wird, ganz normal arbeiten und leben kann, dass er nicht von Wachleuten verfolgt wird, dass ihm niemand sagt: „Du sollst nicht stehlen“. So naiv war ich.

Parkplatz in der Nähe Nuselbrücke, wo ich meinen Mazda 323 geparkt habe.

Meine Realität hieß Lehrstelle plus Latzhose. Mach's wie die andern Ziggos. Ich hatte auch einen Traum, aber der bedeutete einen Scheißdreck. Als nicht integrierter „Ziggo" musste ich mich einfach dort unterordnen, wo meine Hautfarbe mich hinführte. Zur Schaufel oder in die Werkstatt, um Werkzeuge zu reichen. Erst als ich älter wurde, wurde mir klar, dass das bei weitem nicht nur mein Problem war. In der zweiten Hälfte der 1990er Jahre machte sich niemand Gedanken über die Zukunft der größten Minderheit in der Tschechischen Republik. Damals galt die Regel, dass du als Roma nicht zu den „normalen" Kindern gehörst. Ich hatte eigentlich Glück, auf eine normale Grundschule gehen zu können. Die meisten Roma-Kinder aus Žižkov gingen auf den Havličák, wo die Wahrscheinlichkeit, im Leben erfolgreich zu sein, gleich null war. Die anderen gingen in eine Sonderschule in der Slezská. Und die brachte auch keine Juristen hervor. In Prag 3 wirkte sich die Regelung der örtlichen Schulleiter auf eine ganze Generation von Žižkov-Kindern wie mich aus. Und das sind die Menschen, die heute von Sozialhilfe leben, meist weit weg von Prag. Jene Menschen, um die die Politiker vor den Wahlen kreisen und Lösungen versprechen, und das sind genau die Menschen, die dann im Fernsehen gezeigt werden. Ja, natürlich sind sie selbst schuld an ihrer Situation. Aber die Wahrheit, dass diese Menschen Opfer einer reinen Bildungskriminalität geworden sind, wird meist nicht erkannt. Und das lässt sich nun mal nicht mehr reparieren. Sicher, es gab Ausnahmen. Zum Beispiel mein Zwillingsbruder. Aber er hat nie behauptet, Roma zu sein. Er ist immer in Vinohrady zur Schule gegangen und hat sich immer zu den Gadže hingezogen gefühlt, nie zu den Roma. Schließlich missbrauchten die Lehrerinnen ihn als dressierten Affen, und führten ihn als „unser schlauer Zigeuner" vor. Ja, er gehörte ihnen. Integration bedeutete in der tschechischen Darlegung entweder vollständige Assimilation oder Sonderschule. Such's dir aus.

DREIZEHN

Ich wurde angehender Automechaniker, was in meiner Vorstellung bedeutete, dass jemand uns neben einen Škoda stellen und uns beibringen würde, wie man den Motor ausbaut. Schließlich hatte mein Vater zu Hause einen Škoda, und ich bereitete mich sehr gewissenhaft auf meinen zukünftigen Beruf vor. Mit dem Geld, das ich beim Autowaschen an der Kreuzung Anglická – Legerova verdiente, kaufte ich mein erstes Auto. Ich war immer noch vierzehn Jahre alt, als ich inoffizieller Besitzer eines silbernen Mazda 323 wurde, den Miky Zvěřina und ich einem Typen abkauften, der mit einer Freundin meiner Tante Olina zusammenwohnte. Ich schätze, es ist heutzutage nicht mehr üblich, dass Kinder Autos kaufen. Aber ich habe damals ein japanisches Auto gekauft, mit einem Fünfzylindergetriebe! Es stand in Žižkov, ohne Räder, auf Scheiben gebettet, und ich erinnere mich noch, wie wir feierten, als der Motor ansprang, als wir ihn das erste Mal den Berg hinunterließen. Das war genau einen Monat, nachdem wir angefangen hatten, nach Rädern, Benzin und jemandem zu suchen, der das Auto reparieren konnte. Ein Haufen Kinder in einem Mazda, der Traum eines jeden Teenagers. Wir fuhren ihn zum Parkáč, wo ich fast jeden Tag pflichtbewusst im Kreis herumfuhr, bis ich mit dem Fuß Kupplung, Gas und Bremse erreichte. Einige Erfahrungen hatte ich vorzuweisen, immerhin. Mehrmals musste ich das Auto meines Vaters umparken, das er unter Alkoholeinfluss so abgestellt hatte, dass andere Autos nicht vorbeifahren konnten. Ich bin so lange auf dem Parkplatz herumgekurvt, bis ich mich hinaustraute, und nach drei

Monaten war ich so weit, dass ich furchtlos fast überall hinzufuhr. Die Grundregel war, die Polizei zu meiden und so zu fahren, dass man nicht auffiel. Und auf jeden Fall etwas Bargeld zur Bestechung dabeizuhaben, falls ich erwischt würde. Die Polizisten waren meist Faschos, aber sie verstanden genauso viel von Bargeld wie ich. Besonders die Verkehrspolizisten. Wenn man ihnen fünfhundert durch das Fenster schob, salutierten sie sogar noch und wünschten einem eine gute Fahrt. Das Geld für fünf Tage Autowäsche war futsch, aber dafür hatte man seine Ruhe.

Meine Eltern hatten keine Ahnung, dass ich ein Auto besaß. Mein Vater wäre wahrscheinlich nicht glücklich darüber gewesen, dass ich ein besseres Auto hatte als er, aber meine Mutter hätte sich Sorgen um mich gemacht und mir das Auto verboten. Nur mein älterer Bruder wusste von dem Auto, und natürlich unterstützte er mich in dieser Hinsicht. Es war wieder eine Möglichkeit, mich zu profilieren. Wer sonst in unserer Nachbarschaft besaß mit vierzehn Jahren ein Auto?

Es gelang mir ziemlich lange, unbemerkt zu bleiben. Eigentlich das ganze Ende der achten Klasse und die ganzen Ferien hindurch. Am Ende der Ferien habe ich das Auto verkauft, weil ein unwiderstehliches Angebot vorlag. So wie Růžena es mir beim Gemüse verkaufen beigebracht hatte. Ich verkaufte mein Auto für das Siebenfache vom Kaufbetrag. Zum ersten Mal in meinem Leben hatte ich mehr Geld in der Hand, als meine Mutter je auf einmal gesehen hatte. Mit dieser Überzeugung trat ich meine Lehrstelle an, dass ich ein fast genialer Autofahrer war und Autos perfekt verstand. Und dann fand ich mich in einer Klasse wieder, die aussah wie die C-Stufe in der Grundschule. Ich würde nie jemanden unterschätzen wollen, aber der Haufen dort war schlimmer als im Havličák. Als ich die Klasse betrat, angezogen im sauberen Hemd meines Großvaters, das ich zu jeder ähnlichen Gelegenheit trug und von dem ich nur eines hatte, so dass das arme Ding schon fast durchsichtig aussah, bereute ich fast sofort, dass ich nicht zu den Maurern gegangen war. Meine Klassenkameraden sahen aus wie meine Vorstellung von Obdachlosen, und zum ersten Mal in meinem Leben hatte ich den Eindruck, dass es mir eigentlich gar nicht so schlecht ging. Und als ich herausfand, dass einige von ihnen sogar Schwierigkeiten hatten, sich vorzustellen und zu erzählen, woher sie kamen, dachte ich, dass mir drei Jahre schieres Elend bevorstehen würden.

Gerettet haben mich Koza, ein Klassenkamerad aus der Grundschule, und Peter Bandy, ein Rom aus Stodůlky, der am selben Tag wie ich geboren wurde. Natürlich setzten sie uns zusammen in eine Schulbank und ziemlich weit weg von den anderen. Es gab drei Tischreihen zwischen uns und dem ersten Gadže. Untersteht euch, euch unter die Gadže zu mischen! Ich hatte also niemanden in der Klasse, mit dem ich mich sonst hätte unterhalten können. Die Umstände wollten es so.

In der Praxis wurden wir von einem lahmen Meister begrüßt, dem Alkohol viel lieber war als die Busse, an denen wir lernen sollten. Dem war alles egal. Schon in den ersten Tagen der Ausbildung fing er an, uns so zu auszubeuten, dass der Direktor des Verkehrsunternehmens, bei dem die Ausbildung stattfand, vor Schreck erstarrt wäre, wenn er davon erfahren hätte. Ohne jede Scham ließ er uns Schwarzarbeit verrichten, und wir Lehrlinge ackerten den ganzen Tag in seine Tasche. Und die Lehre? Vergiss es. Theoretisch hätten wir uns in der Schule auf die Praxis vorbereiten sollen, aber in der Regel lief es so ab, dass wir den ganzen Tag Aufträge abarbeiteten, nach dem Motto – das machst du so, und das so. Wir hatten keine Ahnung, und er ließ uns trotzdem Räder montieren. Ab und zu hat er uns zwar gezeigt, wie man was an Busse schraubt. Aber das nur, wenn seine Vorgesetzten da waren. Kaum waren sie weg, ging es wieder wie gehabt weiter. Ein ganzer Monat Arbeit für fünfunddreißig Kronen Lohn.

Man könnte meinen, dass es in der Lehre keine Rolle spielte, ob man ein Roma oder ein Gadžo war, obwohl Peter und ich uns automatisch von den anderen abgrenzten. In der Regel weigerten die anderen sich, mit uns zu kommunizieren, und wenn sie es doch taten, machten sie in der Regel irgendwelche Anspielungen auf unsere Herkunft. Es machte mir nichts aus, dass sie uns jedes Mal, wenn ein Werkzeug verloren ging, fragten, wo wir es verkauft hatten. Es machte mir auch nichts aus, dass die anderen sich wunderten, dass wir überhaupt zur Arbeit kamen, wenn wir fünf Minuten zu früh zur Arbeit erschienen. Aber was einen ein- oder fünfmal nicht ärgert, kann einen schon aus der Fassung bringen, wenn man es fünfhundert Mal hört. Es ärgerte mich in Wirklichkeit, dass dies normaler Standard war. Und noch mehr ärgerte ich mich, als ich hörte, wie meine Klassenkameraden über den Lohn sprachen, den sie bekamen. Und der war um ein Vielfaches höher als unserer. Und nein, wir arbeiteten nicht weniger als alle anderen. Aber wir bekamen trotzdem weniger. Eines Tages erwischten wir den Vorarbeiter, als er allein im Büro war. Wir gingen hinein, schlossen die Tür ab und sprachen darüber, warum wir weniger Lohn bekamen, obwohl jeder wusste, dass wir für ihn schwarz arbeiteten (haha, Roma und schwarz!). Und damals habe ich, Gott sei Dank, keine Gewalt angewendet, sondern Vernunft. Ich habe einfach angefangen, den Meister zu erpressen. Ich sagte ihm, dass ich einen Brief an die Schulverwaltung schreiben würde, in dem ich seine Praktiken beschreibe, um zu sehen, ob er seinen Job behalten würde oder nicht. Das Ergebnis war, dass er anfing, auf unsere spezielle Jobs zu vermitteln, und so arbeiteten Peter und ich immer noch separat, aber unter völlig anderen Bedingungen als die anderen. Das Geld floss nämlich direkt in unsere Taschen. Und weil der Meister Angst hatte, fing er plötzlich an, sich um uns zu kümmern. Unter seiner Anleitung begannen wir, die Beläge einzeln zu wechseln, dann die Bremsbeläge und die Bremspumpen, und schließlich ließ er uns einen alten Transit überholen, an dem wir zwei oder drei Monate lang arbeiteten, wann immer wir Zeit hatten. Wir arbeiteten zwar an Samstagen und Sonntagen, aber wir taten es in dem Bewusstsein, dass wir mit unserer Arbeit Geld verdienten, und was am wichtigsten war – wir taten es für uns selbst und nicht für jemand anderen.

Es war der Anfang der Zeit, als ich zum ersten Mal wirklich Geschäfte betrieb. Zwar in Schwarzarbeit und auf die Gefahr hin, dass es jemand herausfinden würde, aber handwerklich geschickt. Ich musste zehnmal, hunderte Male, Schichten von Spachtelmasse und Sand abnehmen und wieder auftragen, bevor ich lernte, es richtig zu machen. Meine Klassenkameraden hassten Peter und mich. Wie sollte es anders sein. Aber das war uns egal. Peter und ich passten uns perfekt an die Bedingungen an, die die Gadže für uns vorgaben. Und dieses Mal verarschten sie nicht uns, sondern wir sie.

VIERZEHN

Ich gewöhnte mich an die Arbeit. Jeden Morgen stand ich mit meiner Mutter um vier Uhr fünfzehn auf, lernte Kaffee trinken, und bin dann in Arbeitshosen zur Schule oder direkt zur Arbeit gefahren. Die meisten Dinge lernte ich von den älteren Mechanikern und dann noch durch ständiges Herumprobieren. Offensichtlich war ich damit nicht allein, denn es kam vor, dass einer meiner Klassenkameraden den Bus startete, während der Vorarbeiter am Motor bastelte, oder ein anderer Klassenkamerad vergaß, die Räder vom Škoda festzuziehen, der von Lehrlingen repariert wurde, finanziert von der Transportgesellschaft. Man kam drauf, als der Meister den Škoda ausfahren wollte...

Peter und ich arbeiteten an Bussen und Autos, und wenn es nichts für uns zu tun gab, fuhren wir nach Hloubětín, um Straßenbahnen zu schweißen. Das Schweißen lernte ich ziemlich schnell und dass ich nicht die nötigen Lizenzen dafür hatte, interessierte damals niemanden besonders. Und dann passierte es: ich sollte schnell etwas schweißen und trug keinen Helm. Ein freundschaftliches Schulterklopfen vom Klassenkameraden und plötzlich hatte ich eine verbrannte Hornhaut, was mein Leben ziemlich kompliziert machte. Dazu kam eine Bindehautentzündung, und auf einen Schlag war ich blind. Im Krankenhaus behandelten sie mein Auge, klebten es zu und ließen mich nach Hause gehen. Aber die Schmerzen! Ein Auge war zugeklebt, auf dem anderen konnte ich nur hell und dunkel sehen, alles andere war völlig vernebelt. Dieser Zustand dauerte zwei Wochen, bis wenigstens ein Auge wieder in Ordnung war. Und weitere zwei Monate, bis ich das andere Auge öffnen konnte.

Der Meister im Depot Hloubětín sagte mir, ich wäre ein fauler Zigeuner und hätte das absichtlich gemacht, damit ich nicht zur Schule gehen müsste. Von da an fing er an, mich auf Schritt und Tritt zu demütigen. Er nannte mich nie wieder bei meinem Namen. Entweder bezeichnete er mich als „Zigeuner" oder als „faules Stück". Von nun an putzte ich Fenster der Straßenbahnen, und der Meister ließ mich nichts anderes machen, weil er mir keine Gelegenheit geben wollte, mich wieder zu verletzen. Und ich musste auch Fenster putzen, obwohl es Januar war und draußen im Depot eine Eiseskälte herrschte. Meine Klassenkameraden hielten sich lieber von mir fern, weil sie sich nicht mit dem Meister streiten wollten, und Peter war zu der Zeit in Košíře in der Werkstatt, wo wir zusammen schwarz Autos reparierten. Und wieder fühlte ich mich wie ein Untermensch. Ich wusste nicht, wem ich es sagen konnte, denn ich war der einzige Roma im Umkreis weit und breit. Die Straßenbahnfahrer interessierte das nicht, den Betriebshofleiter habe ich nie zu Gesicht bekommen, und in der Schule beschwerte ich mich bei allen Lehrern, aber ohne Erfolg.

Gegen Ende fing der Meister an, mich zu provozieren. Als er den Klassenkameraden erzählte, dass sie ihr ganzes Leben lang Straßenbahn fahren könnten und sich um einen neuen Job nicht sorgen mussten, vergaß er nicht hinzuzufügen, dass mich das nichts beträfe, weil Zigeuner sich lieber die Hände abhacken würden als zu arbeiten. Meine Klassenkameraden lachten, aber ich versank vor Scham im Boden. Ich schämte mich dafür, dass ich einen Unfall hatte, der mich für zwei Monate außer Gefecht gesetzt hatte. Und genau in diesem Moment wollte ich den Kerl schon am Genick packen, das Schweißgerät nehmen und die Elektrode leicht gegen sein Auge tippen, damit er endlich begriff, wie es wirklich war und dass es wirklich keinen Idioten auf der Welt gibt, der so etwas absichtlich tut. Und es war auch genau der Moment, in dem mir klar wurde, dass ich keine Chance hatte, mich gegen solche Schikanen zu wehren, denn wenn ich ihm eine aufs Maul geben würde, wäre ich gefeuert. Und wenn ich ihm keine auf Maul gäbe, dann würde er noch mehr auf mir herumreiten.

Als ich nach Košíře zurückkehrte, fühlte ich mich wie im Paradies. Ich konnte eine warme Jacke anziehen, in der Werkstatt war es warm und weit und breit keine Straßenbahn. Es gab zwar Androhungen, man würde uns ins Motol-Depot schicken, um Fenster zu putzen, aber die meisten von uns blieben bis zum Schluss in der Werkstatt in Košíře.

Peter und ich haben ständig an einem Mustang herumgeschraubt, den ich von einem anderen Lehrling aus der gleichen Schule gekauft hatte. Er bekam neue Fußrasten aus Rohren, wir kochten den Auspuff hoch und warteten bis es warm wurde und wir herausfahren konnten. Und weil mir der Führerschein bezahlt wurde, konnte ich meinen kleinen Motorradschein machen und zum ersten Mal in meinem Leben legal fahren. Und da hat mir der lahme Meister etwas beigebracht, was ich danach jedes Mal benutzt habe, um mein Motorrad aufzumotzen. Er stellte den Vorlauf über das Zigarettenpapier ein, ein Trick, den jeder alte Automechaniker anwendet. Es kam also eine Zeit, in der ich keine Probleme hatte. Die Mechaniker mochten mich, der Meister hatte Angst, ich würde ihn verpfeifen, und die anderen Lehrlinge hatten Angst vor Peter, der in meiner Abwesenheit das größte rassistische Arschloch unter der Jungs verprügelt hatte. Integration ist gut, aus der Arbeiterklasse zu stammen und ein wenig Gewalt können aber auch ein Weg zur Gleichberechtigung sein.

FÜNFZEHN

Mein damaliges zufriedenes Leben wurde schon wieder von der Polizei zerschlagen. Und dieses Mal ging es nicht nur das allgemein übliche „Verhör". Mein älterer Bruder und ich landeten in einer Zelle auf der Polizeiwache in der Vyšehradská-Straße und dann auf dem Polizeirevier, wo wir wegen Körperverletzung angeklagt wurden. Heute finde ich es eigentlich lächerlich, dass man uns die Anklage überhaupt mitgeteilt hat, geschweige denn, dass man sie vor Gericht gebracht hat, denn jeder fähige Anwalt würde eine solche Absurdität sofort vom Tisch wischen. Aber wir beide wurden tatsächlich beschuldigt, sieben „Patrioten" angegriffen zu haben. Es war natürlich nicht nur so aus Spaß passiert. Und es war auch sicher nicht Alkohol im Spiel, denn wir schafften es nicht einmal unser erstes Bier ganz auszutrinken.

Wir waren Softball spielen und auf dem Heimweg machten wir noch in Sportkleidung Halt auf ein Bier in einer Kneipe, über deren Tür ein Schild mit der Aufschrift Restaurant Zum Zigeuner hing. Wir kehrten nach jedem Sport dort ein, also vielleicht jeden Samstag, obwohl wir meistens mit einer lokalen Gruppe von Rentnern in der Folimanka Fußball spielten. Und oft haben sich in der Kneipe genug Leute zusammengefunden, dass mein Bruder und ich uns unsere Gitarren schnappten, und dann machten wir die ganze Nacht durch Party. Wir kannten uns dort alle. Und es gab nie einen Konflikt, geschweige denn eine Schlägerei. Es ging um Sport, und dann tranken wir alle zusammen Bier.

Mein Bruder und ich saßen im hinteren Bereich, wo es damals nur zwei Tische gab. Als wir reinkamen, waren beide noch frei. Bevor der Kellner uns das erste Bier brachte, kam eine Gruppe von Nazis herein.

Es war klar, dass wir um einen Konflikt nicht herumkommen würden. Wir konnten nicht umhin, das Gerede darüber zu hören, dass die Schwarzen die Luft verpesten und warum sie überhaupt in einen Laden namens Zum Zigeuner gehen, wenn dort wirklich Ziggos sitzen. Der Plan war klar. So schnell wie möglich austrinken und nichts wie raus aus der Kneipe. Wir waren zu zweit gegen sieben Nazis. Wir tranken schnell aus und wollten gerade gehen. Aber wir haben es nicht geschafft. Einer von ihnen kam herüber und legte ein Brett vor mir auf den Tisch, das er von der Wand abriss, mit der Bemerkung, ich solle es nehmen und zu Hause damit einheizen. Und anstatt die Klappe zu halten und zu gehen, sagte ich zu ihm, er solle sich verpissen. Ich bekam eins übergebraten und die Schlägerei ging los. Mein Bruder schlug den ersten mit einem Baseballschläger, ich rammte dem zweiten meine Faust rein, und danach wusste ich nicht einmal, ob ich einen Nazi oder meinen Bruder im Schwitzkasten hielt. Es war ein solches Durcheinander. Überall war Blut, Stühle flogen durch die Luft und es gab so viel Geschrei, dass ich nicht einmal die Sirenen der Polizeiautos hören konnte, aber ich konnte die Polizei kommen sehen. Ich dachte, sie kämen, um uns zu helfen, weil die Nazis wirklich in der Überzahl waren, und lief ihnen entgegen.

Den ersten Schlag bekam ich mit dem Knüppel ins Bein, den zweiten mit meinem Kopf gegen die Wand. Meine Augenbraue war geplatzt und das Blut lief an mir herunter und auf den Boden. Ich hatte keine Zeit, etwas zu sagen, und niemand stellte mir irgendwelche Fragen. Die Polizisten unterhielten sich mit einem der Nazis, der ebenfalls Blut am Mund hatte, und es war ganz klar, dass sie sich persönlich kannten, da sie sich duzten. Meinem Bruder und mir wurden

Handschellen angelegt und wir wurden sofort ins Auto verfrachtet. Keiner fragte uns, was eigentlich passiert war, wer wir waren oder was wir in der Kneipe machten. Sobald der Polizist losfuhr, fragte ich, wohin sie uns bringen würden. Und das hätte ich lieber nicht tun sollen. Ich bekam einen Schlag, dann einen zweiten, dann einen dritten und spürte nur noch, wie meine Nase knackte, und die Debatte war vorbei. Der Polizist brüllte mich an wie von Sinnen, ich würde sein Auto einsauen, weil meine Nase blutete. Und mein Bruder machte einen weiteren Fehler, denn im Gegensatz zu mir waren seine Handschellen vorne, und er hatte genug Platz, um die gebrochene Nase an den Polizisten zurückzugeben, der mir eine Minute zuvor meine gebrochen hatte.

Es kamen noch immer keine Fragen. Sie brachten uns in die Vyšehradská, schleppten uns den Gang entlang in die Zelle, wo sie mich an die Heizung festmachten, mit den Händen auf dem Rücken. Meinen Bruder brachten sie auf den Gang, wo sie ihn an eine Bank fesselten. Keiner von uns durfte sich hinsetzen, und sie hielten uns bis zehn Uhr abends in dieser Position fest. Die Konfrontation in der Kneipe fand um zwei Uhr nachmittags statt. Außerdem wurde ich kurz vor zehn Uhr erneut geschlagen, weil ich das Recht einforderte, auf die Toilette zu gehen und drohte, die Zelle nass zu machen. Meine eingerissene Augenbraue, die gebrochene Nase und ich blutverschmiert – wie eine Figur aus einem billigen Horrorfilm. Und es sah immer noch nicht so aus, als würde etwas vorangehen. Um mich selbst machte ich mir zu diesem Zeitpunkt keine Sorgen. Ich habe auf keinem Fall geglaubt, dass uns irgendetwas drohen könnte. Die Nazis waren in der Überzahl und der Kellner konnte uns noch schnell sagen, dass er der Polizei genau beschrieben hatte, wie das Ganze abgelaufen war.

Um drei Uhr morgens brachten sie uns zur Kripo, gleich neben der Schule in der der Legerka. Dort haben sie uns wieder festgebunden. Meinen Bruder an die Heizung und mich an die Treppe. Ich war so müde, dass ich meinen Kopf auf die Stufe legte und im Stehen einschlief. Ich wurde durch einen Schlag auf den Kopf geweckt, woraufhin ich mich sofort übergeben musste. Der Polizist in Zivil brüllte etwas davon, dass ich die Sauerei wegmachen müsste. Ich, bereits völlig hysterisch, schrie ihn an, dass er eine tschechisches Polizistenschwein sei und dass ich nichts wegmachen würde, und wünschte mir verzweifelt, dass ich nicht für eine Weile in Handschellen gelegt würde und eine Pistole in der Hand hätte. Ich hatte solche Angst, dass ich sie alle dort erschießen würde. Ich hatte bereits blaue Flecken am ganzen Körper. An den Beinen vom Schlagstock, am Bauch, an den Rippen und im Gesicht von den Fausthieben. Meine Handgelenke waren blau von den Handschellen, weil ich in einem Anfall von Hysterie versuchte, sie loszuwerden. Mein Kopf schmerzte bei jeder Bewegung, und als ich endlich auf die Toilette kam, musste ich mich wieder übergeben. Erst später im Krankenhaus erfuhr ich, dass ich eine Gehirnerschütterung hatte.

In diesem Zustand wurde ich den Ermittlern vorgeführt und verhört. Ich dieser Verfassung hätte ich alles zuzugeben, selbst das ich am Ersten Weltkrieg schuld war. Ich versuchte zu schildern, was sich in der Kneipe tatsächlich zugetragen hatte, und nach einer Stunde des Beschreibens und Wartens, dass der Polizist den Bericht mit zwei Fingern in die Schreibmaschine tippte, wurde mir ein Papier zur Unterschrift gegeben, auf dem etwas völlig anderes stand als das, was ich diktiert hatte. Laut dem Text haben wir den Kampf provoziert. Ich weigerte mich, den Bericht zu unterschreiben, auch nach weiteren zwölf Stunden, in denen uns die Polizei festhielt und abwechselnd versuchte, mich zu beeinflussen, zu bedrohen und dann zu erpressen, dass es mein Bruder ausbaden würde, der angeblich schon „geständig" war. Ich unterschrieb erst die Version, die mit dem übereinstimmte, was ich diktiert hatte. Um fünf Uhr nachmittags.

Siebenundzwanzig Stunden, nachdem wir uns in der Kneipe „auf ein Bier" hingesetzt hatten, wurden wir aus dem Polizeirevier entlassen. Meine Mutter wusste nicht, wo wir gewesen waren und hatte sich Sorgen um uns gemacht, und als sie mich in diesem Zustand sah, brachte sie mich sofort in die Notaufnahme. Ich habe nie zugegeben, dass die Polizisten mir das angetan haben. Davor hatte ich eine Riesenangst. Und ich habe es nicht einmal dem Pflichtverteidiger gesagt, den ich zwei Monate später bekam, als ich angeklagt wurde. Es war im April 1997 und ich war fünfzehn Jahre und genau eine Woche alt. Und ich war das, was sie vorausgesagt hatten. Ein Krimineller. Und obwohl die Anklage später fallen gelassen wurde, ging niemand auf die Tatsache ein, dass ich als Minderjähriger verhaftet worden war. Niemand ging darauf ein, dass weder meine Mutter noch das Jugendamt informiert wurde, wie es das Gesetz damals vorschrieb. Zu diesem Zeitpunkt hörte ich auf, an irgendeine Art von Gerechtigkeit zu glauben, die für uns Roma gelten würde. Wir waren längst schon schuldig, lange bevor der Ermittler überhaupt mit uns gesprochen hatte. Und jeder Polizist, der mir oder meinem Bruder über den Weg lief, war gut genug, die Rolle des Anklägers, Richters und Henkers zu übernehmen. Einfach weil er es konnte. Niemand wollte sich mit Beschwerden von „Ziggos" abgeben, und die Polizisten wussten das. Sie wussten, dass sie straffrei waren, und sie handelten entsprechend. Und ich bin mir ziemlich sicher, dass die einzige Situation, mit der sich jemand befasst hätte, die extremste gewesen wäre. Wenn ich denen da drin krepiert wäre. Denn dann hätten sie das irgendwie erklären müssen. Aber gesellschaftlich waren wir an einem Punkt, an dem ein Gericht sogar glauben würde, dass ich meine Verletzungen selbst verursacht habe.

Wie paradox klingt es dann, wenn man im Polizeigesetz liest: „Eine Person, die von einem Polizeibeamten in Gewahrsam genommen wird, darf weder der Folter noch grausamer, unmenschlicher oder erniedrigender Behandlung ausgesetzt werden, und sie darf nicht in einer Weise behandelt werden, die die Menschenwürde missachtet. Ein Polizeibeamter, der Zeuge einer solchen Behandlung wird, ist verpflichtet, Maßnahmen zu ergreifen, um eine solche Behandlung zu verhindern und sie unverzüglich seinem Vorgesetzten zu melden." Sicher, das mag für die Weißen gegolten haben, aber für uns nun wirklich nicht. Für uns, die Roma, konnte es zu jener Zeit ganz bestimmt nicht gelten.

SECHSZEHN

Vielleicht beschreibe ich das hier alles als ein Leben voller Schlägereien und Schikanen durch die Polizei. Aber ich weiß ganz genau, dass das alles nicht ohne war. Diese negativen Erfahrungen waren aber so zahlreich, dass wenn ich an meine Jugend zurückdenke, dies die ersten Erinnerungen sind, die aufploppen. Man verdrängt sie in die unzugänglichen Teile des Gehirns und dann und wann tauchen sie plötzlich auf. Eigentlich hatte ich ein ähnliches Leben wie meine anderen damals fünfzehnjährigen Freunde. Nur dass ich zu Hause fast keine Sicherheit hatte. Meine Mama hatte drei Jobs, um uns durchzubringen, und mein Vater kümmerte sich mehr um sich selbst als um uns. Aber auch er arbeitete immer noch. Manchmal hatte ich das Gefühl, dass wir tatsächlich wie Mitbewohner einer WG zusammen lebten. Mama und Papa im Schlafzimmer, wir Jungs im eigenen Zimmer. Wir trafen uns in der Küche. Wenn Papa betrunken war, stritten er und Mama manchmal, und dann mischten meine Brüder und ich uns in die Familienangelegenheiten ein.

Aber je älter wir wurden, desto unzufriedener wurden wir mit der Art und Weise, wie wir tatsächlich lebten. Es war klar, dass es nicht mehr lange so weitergehen konnte. Als wäre es nicht schon schlimm genug, dass wir an allen Fronten Zielscheibe eines völlig unverhohlenen Rassismus waren – auch wenn ich mich an den Hass gewöhnt und ihn als etwas völlig Normales akzeptiert hatte.

Ich war fünfzehn, hatte einen neuen Personalausweis und eine Freundin. Blond, hellhäutig, also ob ihre Mutter Direktorin einer Kalkfabrik wäre. Und während ihre Freunde Intellektuelle aus dem Gymnasium waren, war ich ein Roma aus Žižkov in einer Lehre. Kein Wunder, dass ich mich mit ihren Freunden nicht besonders verstand. Sie waren nicht wie wir. Wenn du sie um eine Zigarette gebeten hast, sagten sie, sie hätten nur noch achtzehn übrig. Nichts für Roma. Wir teilten immer noch alles.

Aber das Leben mit einem Mädchen war eine andere Liga. Ich traf mich nicht mehr viel mit Miky und Hanz und einem Haufen anderer Freunde und versuchte, nicht in Schwierigkeiten zu geraten. Leider merkte sogar meine Partnerin ziemlich schnell, wie es war, sich mit einem Roma-Typen einzulassen. Sie musste sie sich daran gewöhnen, dass wir sofort von Sicherheitsleuten kontrolliert wurden, sobald wir am Bahnhof ankamen, die als allererstes interessierte, ob wir eine Fahrkarte hatten. Und da habe ich zum ersten Mal gemerkt, dass jedes Mädchen, das mit mir unterwegs war, auf der Welle der Intoleranz mitreiten würde, die allgegenwärtig war. Ich wollte mit ihr Schluss machen, obwohl wir uns mochten. Ich hatte Angst, dass ihr etwas zustoßen würde, wenn sie bei mir bliebe.

Deshalb habe ich viel darüber nachgedacht, mir eine Romni-Frau zu suchen, die von Natur aus in der gleichen Position war wie ich. Aber die meisten Romni um mich herum konnten sich nur darüber unterhalten, was meine Mutter kochte und welche Krankheiten jemand hatte, oder das Gespräch drehte sich darum, dass Geld fehlte. Aber die Roma fanden es nicht seltsam, dass die Familie meiner Freundin Iveta auf Schaumstoffmatten schlief und Joghurtbecher statt Gläser benutzte. Okay, meine Brüder und ich haben uns darüber lustig gemacht, aber wir fanden es nicht seltsam. Genauso wenig wie wir es seltsam fanden, dass Milads Mutter Květa so viele Leute in ihrer Wohnung übernachten ließ, dass der

Weg vom Kinderzimmer ins Bad sich wie ein Slalom zwischen schlafenden Körpern darstellte. Kurz vor dem Zahltag teilten wir Roma Mehl, Salz und Kartoffeln. So war das Leben damals. Und dann heizte Angelo, der schwule Roma-Sexarbeiter aus dem Haus gegenüber, immer noch mit Ofen, und seine einzige Sorge war, genügend Brennholz zu haben. Und das im Jahr 1997!

So gesehen waren wir als Familie viel besser dran, weil beide Eltern arbeiteten. Dennoch hatte ich eine andere Vorstellung von der Zukunft. Und die von mir beschriebene Romni fand darin keinen Platz. Und wann immer ich eine Romni traf, die was in der Birne hatte, stieß ich auf die Tatsache, dass eine schlaue Romni nicht auf einen Roma in der Lehre wartete. Sie wollte einen Gadže – einen Intellektuellen. Wie eine gewisse Rena Horvátová... jeder Rom hatte sich nach ihr umgedreht. Wespentaille, Haare wie eine Zigeunerin. Oder Jarmila Balážová, damals eine schöne aufstrebende Journalistin, später meine lebenslange Kollegin.

Ich hatte einen einzigartigen Typus einer Gadžefrau, die ihren Kopf benutzte und sich ihre Meinung über Menschen nicht aufgrund von Zeitungsartikeln bildete. Ein Mädchen, das sich nicht scheute, mich ihrer Mutter, einer Fotografin, vorzustellen, die ich zum ersten Mal im Wohnblock traf, als wir ihre Wohnung verließen, aus der sie leider erst am Vortag von einer Reise nach Vietnam zurückgekehrt war. Es war kein großes Treffen, es gab keine Formalitäten. Und auch bei unserem zweiten Treffen an der U-Bahnstation Jiřího z Poděbrad war alles ganz ungezwungen, als ich ihr fast volltrunken erklärte, wie schön es wäre, ein Konzert der Band meines Zwillingsbruders zu fotografieren. Für meine „Schwiegermutter“ Lenka muss es wirklich kompliziert gewesen sein. Sie zog eine Prinzessin groß und die bandelte mit einem Rom wie mir an. Lange Haare, weite Hosen und Ohrringe. Sehr viele Ohrringe. Von heute aus gesehen kann ich gut verstehen, dass sie mich nicht besonders sympathisch fand. Aber das war nichts im Vergleich zu der Großmutter, der sie mich vor lauter Angst gar nicht erst vorstellten. Und noch schlimmer war es bei der Schwester, die mich regelrecht hasste. Wenn sie nur geahnt hätte, dass ich mich umso mehr zu ihr hingezogen fühlte, je mehr sie mich wissen ließ, wie sehr sie mich hasste. Ihre Abscheu war wie ein Magnet. Aber Lenka war eine Fotografin und eine Journalistin. Sie machte unter anderem Fotos von Roma, für die ich als Schutzschild fungierte. So wurden wir ein Art Tandem. Lenka machte Fotos, ich öffnete ihr Türen. Und sie stellte mich vor. Damals lernte ich Zdeněk Ryšavý kennen, den späteren Direktor von Romea.cz, und schließlich lernte ich Jarmila Balážová, Vojta Lavička, Anna Poláková und vor allem Ivan Veselý kennen. Er war der Vorsitzende des Vereins Dženo und dann der Ehemann der Abgeordneten Klára Veselá-Samková.

Ivan Veselý kam mir immer wie ein arroganter Scheißkerl vor. Nicht so sehr, weil er ein arroganter Scheißkerl war, sondern wegen der Art und Weise, wie er andere behandelte. Ich weiß nicht, wie andere es wahrgenommen haben, aber ich fühlte mich immer wie ein Jude vor einem Deutschen. Wann immer er mich sah, beleidigte er mich. Und ich habe mich immer gefragt, wie lange es dauern würde, bis ich ihm seinen Schnurrbart zwischen die Zähne stopfen würde. Deshalb wollte ich auch nie ins Dženo gehen, obwohl Lenka mich dazu immer wieder nötigte. Doch dann erhielt Ivan Veselý Zugang zu Finanzmitteln vom Regierungsamt und sein Verein Dženo konnte die authentische Roma-Monatszeitschrift Amaro Gendalos – Unser Spiegel herausgeben. Und alle Roma-Journalisten, die damals anfingen, trafen sich in den Redaktionsräumen des Magazins. Alle... das klingt, als wären es Hunderte. In Wirklichkeit konnte man sie an einer Hand abzählen. Und nur Jarmila Balážová, die schon beim Tschechischen Rundfunk und Fernsehen tätig war, hatte Erfahrung. Und obwohl es mit Dženo und dem späteren Radiosender Rota nicht gut lief, entstand dort, was für die nächsten zwanzig Jahre im Wesentlichen die erfolgreichste journalistische Vertretung der Roma in der Tschechischen Republik werden sollte. Und plötzlich tauchte ich dort auf. Ein Automechaniker, der die Taschen der Fotografin schleppte. Eigentlich verstehe ich heute nicht mehr, was ich dort gemacht habe. Es war eine Zeit der medialen Integration. Aber das wusste ich zum damaligen Zeitpunkt noch nicht.

SIEBZEHN

Ich denke viel darüber nach, was der Begriff „Exodus“ für mich bedeutet. Wenn ich nicht meine eigene Lebenserfahrung hätte, würde ich wahrscheinlich an das Zweite Buch Moses denken. Aber das Erste, was mir in den Sinn kommt, ist die Erinnerung an die Vertreibung der Roma aus Prag in Richtung Norden. Man denke nur daran, wie schnell Ghettos in Litvínov, Most, Chomutov oder in ganz Nordböhmen entstanden sind.

Um das Jahr 1997 wurden die Bildungslücke der Roma und die Verkommenheit der Leute, die sich selbst als Immobilienmakler bezeichneten, vollends offensichtlich. Diese Leute bedienten sich verschiedener Methoden, um an den Roma zu verdienen und sie zusätzlich dazu noch loszuwerden. Die ideale Methode war der Kauf eines sogenannten „Dekrets“. Die staatlichen Wohnungen wurden privatisiert, und der Mietvertrag, der damals noch „Dekret“ genannt wurde, sorgte dafür, dass die Immobilienmakler die Wohnungen für einen Bruchteil des Preises in ihr persönliches Eigentum übernehmen konnten, denn der Mieter hatte das Vorkaufsrecht und viel günstigere Konditionen. Technisch gesehen war die Sache also einfach. Der Immobilienmakler bot der Romafamilie einen vorteilhaften Tausch ihrer Wohnung gegen eine kleinere Wohnung an. Darüber hinaus bot er eine zusätzliche Zahlung an, die sich in der Regel auf mehrere Tausend bis Zehntausend Kronen belief. Die Familie zog nach Most, wo der Makler für ein paar Kronen eine Wohnung im Plattenbau kaufte, der Familie vielleicht zwanzigtausend Kronen in bar auszahlte und die Umzugskosten übernahm. Alles in allem erwarben sie für etwa fünfzigtausend Kronen ganz legal eine Wohnung in der Legerka, die sie einige Monate später dem Staat abkauften und mit großem Gewinn an Amerikaner verkauften, bei denen es damals in Mode war, Tschechen das Leben beizubringen.

Das Ergebnis? Hunderte von Familien verließen Prag, die Immobiliengesellschaften hatten für lange Zeit ausgesorgt, und entlang der Strecke Litvínov, Most, Chomutov, Louny konnten sich die Bürgermeister schon mal einen Baum zum Aufhängen suchen, denn innerhalb weniger Jahre begannen die Ghettos wie Pilze nach dem Regen aus dem Boden zu schießen.

Und da hatten sie noch längst keine Ahnung, wie es ein paar Jahre später im Norden aussehen würde. Hätten sie zum Beispiel in Litvínov gewusst, dass die Nazis bei Zusammenstößen mit Roma mit Mülltonnen herumwerfen und Autos in Brand stecken würden, hätten sie zumindest versucht, etwas gegen den uneingeschränkten Wohnungskauf zu tun. Konnte ich doch noch im Jahre 2002 eine Wohnung in Chomutov für lächerliche vierzigtausend Kronen kaufen! Aber wer war dafür verantwortlich? Wusste überhaupt jemand, dass unter dem Deckmantel des Handels Ghettos weit weg von Prag entstanden waren, weit weg vom Sichtfeld? Und für wen hat sich das eigentlich gelohnt? Für die Roma, weil sie wieder zusammenleben konnten, oder für die Gadže, die einfach keine Roma in Prag haben wollten, weil Prag ein Touristenzentrum war und die Immobilienpreise dort in Blitzgeschwindigkeit in die Höhe schossen?

Ein völlig absurder Fall ist mir in Žižkov begegnet. Eine Familie, die ich persönlich kannte, wohnte in einer Wohnung, die etwa hundertundsechzig Quadratmeter groß war. Eine dieser unglaublichen Žižkov-Wohnungen, mit riesigen, hohen Decken. Der Makler bot den Leuten einen „günstigen“ Tausch gegen eine kleinere Wohnung an, plus ein paar Tausend als zusätzliche Zahlung für den Umzug in die kleinere Wohnung. Die Familie unterschrieb und zog in die kleinere Wohnung, allerdings mit einem befristeten Mietvertrag. Nach einem Jahr wurden sie praktisch obdachlos und die älteren Familienmitglieder mussten eine Zeit lang in einem alten Škoda hausen. Ich habe mich immer wieder gefragt, warum die Familie dem zugestimmt hat. Ich fragte mich immer wieder, wo der Fehler lag. Und die einfache Antwort hat mich umgehauen. Der Großvater, der den Vertrag unterschrieb, war Analphabet. Er konnte nicht verstehen, was er da unterschrieb. Alles, was er verstand, war, dass er ein wenig Geld bekommen würde. Und leichtes Geld zu bekommen war ein verlockendes Angebot. Es hätte genügt, nur zu einer Anwaltskanzlei oder einem Sozialarbeiter zu gehen. Aber die meisten Leute ließen sich mit Geld abspeisen, also unterschrieben sie. Ganz gleich, was die Zukunft bringen würde.

Aber hier ging es nicht um eine, fünf oder zehn Familien. Es ging um Hunderte von Menschen, die irgendwohin zogen, wo sie keine Arbeit finden konnten, weil es nicht einmal für Gadže genug Arbeit gab, geschweige denn für Hunderte von Roma aus Prag. Und genau so ist die erste Generation entstanden, die völlig abhängig von der Sozialhilfe wurde. Damit ein paar Immobilienfirmen sich eine goldene Nase verdienen und Prag sich von „Problembürgern" befreien konnte, wurde eine Generation von Menschen geschaffen, die sozusagen keine Chance auf eine bessere Zukunft hatte. Sozialhilfe und Arbeitsamt wurden vorgeschoben, damit es nicht hieß, man würde nichts unternehmen.

Dass dies das gleiche Verbrechen war wie das Einsperren von Roma-Kindern im Havlíčák, brauche ich wohl nicht zu schreiben. Es gibt auch nicht viele Anwälte, die aus dem Ghetto kommen. Ich mache mir keine Illusionen darüber, dass es den Roma sonst viel besser gehen würde, aber in Prag lebten die wenigsten Menschen in meiner Nachbarschaft von der Sozialhilfe. Die meisten von ihnen gingen arbeiten, weil es genug Arbeit gab und die Roma es gewohnt waren zu arbeiten. Vor ein paar Jahren wären sie noch im Gefängnis gelandet, statt Sozialhilfe zu beziehen. Und das ist nicht so leicht zu vergessen.

ACHTZEHN

An der U-Bahnstation I. P. Pavlova stand immer ein Straßenverkäufer mit dem Prager Abendblatt in der Hand. Jahrelang gingen die Leute vorbei und kauften bei ihm Zeitungen, oder sie kauften Lotterielose bei einem anderen alten Mann, der nach der Revolution einige Jahre lang diese Lose verkaufte. Aber schon als Kind, als ich die Schwarze Chronik in der Zeitung las, dachte ich darüber nach, wie ich meine Texte in die Zeitung bringen könnte, die sicherlich voller Proteste gegen die Gesellschaft sein würden. Aber Zeitungen, geschweige denn das Fernsehen, waren eine ganz andere Liga als die Briefe an Lucie Vlastníková, die ich ihr von der fünften Klasse an bis ungefähr zu meinem fünfundzwanzigsten Lebensjahr schrieb. Das war eine Liga, die mir so unerreichbar erschien, dass ich gar nicht im Traum darüber nachdachte, ein solches Ziel zu haben. Ich war Automechaniker. Ich sollte mich um Motoren und Räder kümmern.

So suchte ich nach anderen Möglichkeiten, der Welt mitzuteilen, dass ich echt nicht damit einverstanden war, mich in der Tschechischen Republik als minderwertiges Element zu fühlen. Und so tauchte ich bei der Demonstration vor der Wirtschaftsuniversität auf, wo ich zum ersten Mal von der Polizei kontrolliert wurde, seitdem ich als kleines Kind Eier die Statue von Zápotocký mit Eiern bewarf. Zapotocký war verschwunden und stattdessen demonstrierten mehrere tausend Menschen gegen die Skinhead-Bewegung. Zum ersten Mal in meinem Leben sah ich so viele Menschen zusammen, die die Skins genauso hassten wie ich. Damals haben die

Faschos (so werden sie heute richtig genannt) den Studenten Hassan Elamin Abdelradi ermordet, und endlich haben sich die Politiker zu Wort gemeldet und vorgeschlagen, die Bewegung gesetzlich zu verbieten. Das Paradoxe daran ist, dass der Vorschlag damals vom derzeitigen Präsidenten der Republik gemacht wurde, der nach allem, was man hört, ein Rassist ist. Es war auch das erste Mal in meinem Leben, dass ich einen anderen Politiker als Václav Havel (den ich im Dezember 1988 auf dem Škroup-Platz sah, wohin mein Vater mich und meine Brüder mitgenommen hatte) live sah. Keiner vom Fernsehen dabei. Ich weiß noch genau, wie Žantovský, Lux oder Pithart auf der Demonstration gegen Skinheads darüber sprachen, dass Rassismus in unserer Gesellschaft völlig inakzeptabel ist.

Ich und meine Freunde Pavel, Vašek and Magdalena.

Und zumindest für einen Moment hatte ich das Gefühl, dass sich in der Tschechischen Republik etwas ändern könnte und wir wie alle anderen leben könnten.

Aber eine Demonstration ist eine Demonstration und die Realität ist die Realität. Ich habe zwar einen Haufen Leute gesehen, die genau verstanden haben, was wir Roma jeden Tag durchmachen müssen, aber in Wirklichkeit hat sich absolut nichts geändert. So wurde die Musik zu einem weiteren Mittel, um unser Leben zu verändern. Mein Zwillingsbruder kam endlich aus sich heraus und wandelte sich von einem Kind, das den Lehrern in den Arsch kroch und immer nur lernte, um zu gefallen, zum Rapper Gipsy. Was natürlich nicht einfach so passierte. Schon als wir noch viel jünger waren, versuchten wir, in der Musikszene Fuß zu fassen, und als Duo Twins traten wir bei mehreren Wettbewerben mit einem E-Piano auf, das uns unsere Klassenkameradin Eva Pilařová geliehen hatte. Wir gewannen sogar einen der Wettbewerbe und der erste Preis war ein Fernsehauftritt, der allerdings nicht zustande kam, weil die Moderatorin und Sängerin Inka Rybářová schwer erkrankte. Davor wurden mein Zwillingsbruder und ich aus der Diakonie Rolnička rausgeschmissen, weil ihnen unsere Interpretation des Romani-Liedes Šukhar jakha nicht gefiel. Ich wurde sogar beim Vorsprechen für Bambini di Praga rausgeschmissen, wo ich meine Mutter blamiert habe, und schließlich wurde ich auch aus dem Theaterverein rausgeschmissen, wo ich die Rolle eines Fisches spielte.

Wir hatten also eine ganze Reihe gescheiterter Versuche hinter uns. Aber einmal tauchten wir im Club Radost FX auf, und als Freestyle an der Reihe war, brachte mein Bruder einen schreienden Underground-Rap, voller Frustration, Rassismus und Protest. Ich begleitete ihn auf die Bühne, eher so als mentale Unterstützung, und an diesem Abend geschah etwas, das das Leben meines Zwillings für immer umschreiben sollte. Die Kombo Syndrom Snopp wurde gegründet. Mein Bruder hat nicht nur mich begeistert, sondern auch einen Typen, der sich Da Smog nannte. Ansonsten hieß er Honza Zahradník und wohnte in der Mrkvičková-Straße in der Řepy-Siedlung. Und Smog war zu dieser Zeit nicht irgendwer. Er war Mitglied der sehr populären Hip-Hop-Gruppe Chaozz, die ein Loch in die tschechische Popmusik riss und den Musikwettbewerb Eso dominierte.

Damals gab es in der tschechischen Musikszene echt nichts, was man hören konnte. Die alten Leute hörten Karel Gott, man spielte Olympic, Petra Janů und Hana Zagorová sangen ihre Liedchen, und der größte Hit war ein zwei Jahre altes Remake der Band Premier, mit dem Namen Totengräber. Für einen Menschen mit einem musikalischen Gehör war es einfach eine Tortur. Musik wie in den Zeiten des Sozrealismus, aber mit einem Hauch von Demokratie. Und dazu noch die verrückte Moderatorin Tereza Pergnerová (Entschuldige, meine Liebe, ich mag dich sonst wirklich. Ich werde nie vergessen, dass du mich und meinen Bruder von der Straße aufgegabelt hast!), die eine noch verrücktere Hitparade moderierte. Doch diese Hitparade brachte richtige Stars hervor. Und wer Erfolg hatte, verkaufte. Und Chaozz war eben an allen Fronten erfolgreich. Honza Zahradník hatte Kontakte in einer Welt, von der wir nur träumen konnten. Er brachte uns zum Label PolyGram, jetzt Universal Music. Und sie bezahlten dafür, dass wir ein Demo in einem richtigen Studio aufnahmen. Wir haben drei Nächte lang mit Profis aufgenommen. Und schon damals wurde mir klar, dass ich nicht für die professionelle Musik geschaffen war, auch wenn ich später mit Musik Geld verdiente. Liveauftritte waren allerdings mein Ding. In einem dunklen Studio in ein Mikrofon zu schreien, das ging echt gar nicht. Aber wir nahmen das Demo auf und warteten ab, ob sich der Erfolg einstellen würde. Und als wir das Studio verließen, wechselten wir uns mit fünf Typen ab, die wie unser Nachbar, der schwule Sexarbeiter Angelo, gekleidet waren. Sie sangen etwas über Mutterliebe, und sie sangen so falsch, dass ich mir ziemlich sicher war, dass wir Erfolg haben mussten. Wir hatten ein perfektes Gehör. Ich spielte Klavier,

Schlagzeug und Gitarre, mein Bruder sang, und wir hatten schon mehrere Live-Auftritte mit wechselndem Erfolg hinter uns. Und während die anderen über Mütter sangen, sangen wir in etwa das hier:

Von klein auf wache ich morgens auf,
überall Vorurteile, Angst und Traurigkeit wohin ich schau.

Und warum fürchte ich den Tag, wenn ich die Nacht nicht überstehe,
es Stress gibt, wenn ich nach Hause gehe.

Und jeden Tag frage ich mich,
ob da oben im Himmel nur Platz für die Weißen ist.

Ich weiß es nicht, Scheiße, es geht mir nicht ein,
wer wirft uns grundlos in die Grube rein.

Und warum kostet es so viel, anders zu sein?
Für sich selbst einzustehen, wenn man das Gefühl hat, der Einzige zu sein.

Ich kann cool sein, straffrei, anständig,
aber ich werde immer noch ein verdammtes Arschloch für euch sein.

Ich bin kein Defender, hm, echt nicht,

Ich weiß schon, ich bin nicht fehlerfrei, aber wer ist das schon?

Wie ihr drauf sein, das ist einfach fail,

Uns mit allem Schlechten zu bewerfen, ist echt nicht geil.

Genauso war es. Wir haben es nicht geschafft. Aber ein paar Monate später waren fünf Jungs mit ihrem Mama-Song in die Eso-Charts aufgestiegen.

Aber ich gab nicht auf und fing an, auf eigene Faust die Labels abzuklappern. Und ich wurde überall abgelehnt, so lange, bis ich endlich Erfolg hatte.

Im Radio Limonaden-Joe in den Barrandov Studios, traf ich einen Mann, der, glaube ich, Láďa Ryba hieß. Und er brachte die Platte heraus. Das Ergebnis war das mittlerweile kultige Album Syndrom Snopp. Wir haben das gemacht, wovon andere Romajungs nur geträumt haben. Ein Album. Und ich glaube, dieses Album ist das beste, das mein Bruder je gemacht hat.

Zur medialen Integration kam nun auch das Musikmachen hinzu. Ich war zwar kein Rapper, aber mein älterer Bruder und ich haben angefangen, Gipsy-Jazz zu machen, was wir heute immer noch spielen.

Gyulla (mein Bruder) und ich beim Konzert unserer Band BangaShitsBand, am 17. September 1997 in Žižkov.

NEUNZEHN

Ich war schon wieder hinter Gittern. Und dieses Mal waren nicht nur ich und mein älterer Bruder involviert. Sie haben etwa fünf von uns verhaftet, plus einen Hund. Ja, das ist ein bisschen übertrieben. Aber ein hundert Jahre alter Mischling aus vielleicht allen Prager Rassen weigerte sich einfach, sein Herrchen zu verlassen, und so musste auch er hinter Gitter. Diesmal war der vorübergehende Aufenthaltsort das Polizeirevier in der Šafaříkova-Straße, wohin wir hingegangen sind, um die Entführung unseres Nachbarn Roman zu melden. Roman war ein komischer Kauz. Er konnte einen Monat lang wie ein Irrer auf einer Baustelle schuften, nur um es sich gut gehen zu lassen und innerhalb eines Tages seinen gesamten Lohn mit Huren zu verprassen. Tatsächlich hatte er nie eine feste Freundin, abgesehen von seinen grünen Škoda 120. Daran konnte man mit ziemlich Sicherheit erkennen, ob Roman Geld hatte oder nicht. Wenn er das Auto (einen Škoda, später einen Opel Kadett) reparierte, hatte er kein Geld. Wenn er sich mit den Ladies traf, war in der Arbeit gerade Zahltag. Jeder kannte ihn und jeder wusste, dass er für schnelles Geld fast alles machen konnte.

An diesem Tag waren Roman und ich mit unseren Hunden auf dem Parkáč unterwegs. Plötzlich kam ein Auto, Ukrainer stiegen aus, packten Roman, verpassten ihm zwei Schläge, warfen ihn in den Kofferraum und fuhren mit ihm davon. Es war wie eine Szene aus einem amerikanischen Film. Niemand rührte sich, denn es war ganz klar, woher diese Typen kamen. Das waren keine Bauarbeiter. Es war die Mafia. In einer Minute war das Spektakel vorbei.

Wir wussten alle, wie es funktionierte. Jeder Möchtegern-Mafioso hatte seine eigene Gruppe und konzentrierte sich auf sein eigenes Geschäft. Eine Gruppe verkaufte männliche Huren im Schwulenclub Elko, eine andere Gruppe handelte mit Diebesgut aus Autos, die im Umfeld der Innenstadt seit jeher geplündert wurden. Andere konzentrierten sich auf Geschäfte, und jemand machte in Wohnungen. Wir alle wussten, wer diese Leute waren und dass es keine gute Idee war, etwas mit ihnen zu tun zu haben, denn dann würde man sich nur Ärger einhandeln. Wir kannten auch ein Zwillingspaar, die zu den örtlichen Schlägern gehörten, und auch von denen wussten wir, dass es keine gute Idee war, sich mit ihnen einzulassen oder mit ihnen zusammenzuarbeiten. Einer von ihnen war schließlich auf der Flucht, weil er angeblich einen Mord am Hals hatte.

Klar, dass wir uns kannten. Und wir grüßten uns auch gegenseitig. Aber das war es auch schon. Mit der echten Mafia hatten wir keine Erfahrung, obwohl ich persönlich ein paar Russen kannte, die am Hauptbahnhof die erbärmlichsten Figuren feilboten, das waren meistens Typen, die nicht einmal schwul waren. Aber für ein Gramm Crystal ließen sie alles mit sich machen, und wenn Geld im Spiel war, machten sie auch ruhig bei Schwulenpornos mit. Man traf diese Jungs jeden Abend in der Bar am Bahnhof, und ihre Zuhälter auch. Es war paradox, aber die Zahl der Mädchen hielt sich in Grenzen. Es waren alles Jungs, meist in meinem Alter.

Aber das hier war eine ganz andere Liga. Diese Kerle waren so kompromisslos, dass sie nicht einmal ihre Waffen ziehen mussten und trotzdem wehrte sich niemand. Und das Wichtigste war, dass wir absolut keine Ahnung hatten, was vor sich ging. Ich hatte tausend Szenarien im Kopf, was dieser Roman angestellt haben könnte, aber nichts war der Situation angemessen. Vielleicht war die Alte, die Roman aus der Bar geschleppt hatte, in der wir in der Nacht zuvor Billard gespielt hatten, die Frau von jemandem. Oder eine Tochter.

Den Gedanken verdrängte ich aber wieder. Sie war alles andere als hübsch, besoffen und benahm sich total daneben. Und der andere, der sich danebenbenahm (Roman), ging mit ihr. Vielleicht ging es um Geld, Erpressung. Aber Roman hatte nichts, er war ein armer Maurer. Aber er landete im Kofferraum, und dafür gab es einen Grund.

Bestürzt über diese „Sowas-will-ich-nie-wieder-erleben"-Erfahrung haben wir uns zusammengerissen und sind zur Polizei gegangen, von der wir erwartet haben, dass sie sich wenigstens ein bisschen Mühe gibt, um Roman irgendwie zu helfen. Aber sobald die Polizisten herausfanden, dass wir keine Ausweise hatten, wanderten wir wieder hinter Gitter. Für mich und meinen Bruder fast schon Routine, für die anderen aber ein Schock. Und es geschah ihnen recht. Was haben sie schon von einer Entführung zu berichten, und das noch zusammen mit Ziggos, oder? Der Hund nahm es am besten auf. Es war ihm egal, solange er bei seinem Herrchen, Pedro, war. Vergeblich versuchte ich zu erklären, was los war und warum wir freiwillig in die Polizeistation gekommen waren, die ich sonst nie wieder freiwillig betreten wollte. Die Polizisten waren nur an unserer Identität interessiert, als ob sie mich und meinen Bruder nicht mehr persönlich kennen würden. So dauerte es etwa anderthalb Stunden, bis wir unsere Geschichte schilderten. Keine Aktion. Keine Autokontrollen, keine sofortige Entsendung zum Tatort, kein Funkspruch an andere Kollegen. Die Polizisten taten anderthalb Stunden lang nichts, außer eine Ausweiskontrolle durchführen.

Wenn die Ukrainer kommen, keine Fragen stellen und den Mann in den Kofferraum werfen, ist wohl allen klar, dass Roman in großen Schwierigkeiten steckt. Und es war uns allen klar, dass Roman nicht so einfach da rauskommen würde. Nur der Polizei war das nicht klar. Ich würde heute nicht mehr aufs Revier gehen. Ich würde direkt zur Kripo gehen. Aber leider hatten wir damals auch keine bessere Idee.

Es dauerte zwei Stunden, bis wir mit einer Polizeieskorte wieder auf dem Parkáč waren. Vielleicht sogar noch ein bisschen später. Und erst hier haben wir schließlich die Entführer und das Auto beschreiben können. Die nächste Anhörung fand auf dem Polizeirevier in Vyšehradská statt, wo wir noch einmal alles von Anfang an erzählen mussten. Es war tragikomisch, weil wir uns wirklich Sorgen um Roman gemacht haben, aber gleichzeitig musste wir wohl oder übel darüber lachen, wie dumm sich die Polizisten anstellten. Vor allem, weil es dieselben Polizisten waren, die mich in Handschellen wie einen Hund verprügeln konnten, aber eine Entführung war eine Überforderung für sie. Schließlich riefen sie jemanden von der Kripo an, der anfing, uns verständliche Fragen darüber zu stellen, was eigentlich passiert war, und vier Stunden nach der Entführung kamen die Dinge endlich ins Rollen. Die Kripo-Beamten aus dem vierten Bezirk luden uns in Autos und fuhren mit uns durch Prag auf der Suche nach einem Wagen, der dem ähnelte, in dem Roman entführt worden war. Endlich tat sich etwas, auch wenn niemand wusste, ob Roman noch unversehrt war. Endlich fingen die Polizisten an, miteinander zu kommunizieren und begannen nach Roman zu suchen.

Letzten Endes fanden sie ihn nicht. Er tauchte allein auf, mehr als sechs Stunden nach der Entführung. Verprügelt, mit einem gebrochenen Kiefer, aber am Leben. Wir trafen ihn im Krankenhaus auf dem Karlák, wo Romans Mund zugedrahtet wurde. Bis heute weiß ich nicht, was er jemandem angetan hat, das eine solche Reaktion hervorrufen könnte. Aber eines ist sicher. Wenn ihm Jahre 1997 ein Roma versuchte, ein Verbrechen anzuzeigen und er nicht zufällig der Täter war, kümmerte sich niemand darum. Bis heute verstehe ich nicht, ob die Polizei uns aus Prinzip nicht geglaubt hat, oder ob sie sich einfach nicht für die Entführung interessierte, obwohl der Entführte ein Gadžo war und drei der fünf Zeugen ebenfalls Gadžos waren. Sie kamen mit zwei Roma, und damit zählten sie zum verlogenen Abschaum. Die nächste Entführung sollten Hanz und Pedro melden. Denen würde man schon aus Prinzip glauben.

ZWANZIG

Das Jahr 1998 fing nicht gerade gut an. Anstatt mich über den Sieg der tschechischen Eishockeymannschaft in Nagano zu freuen, musste ich mich mit einer völlig ungewohnten Situation auseinandersetzen. Ich war obdachlos geworden. Meine Geschwister auch. Meine Mutter hatte nämlich beschlossen, dass wir Prag verlassen und in das Dorf Vršce umziehen würden, hundert Kilometer von der Hauptstadt entfernt und mit einer Bevölkerung, auf die das Wort „Hinterwäldler“ genau passt. Schon einige Jahre zuvor hatte meine Mutter davon geschwärmt, auf dem Dorf zu leben und eigenes Gemüse anzubauen – eine romantische Vorstellung für einen Prager, der absolut keine Ahnung hatte, wie die Dinge auf dem Dorf tatsächlich liefen. Und als der Eigentümer unserer Wohnung in der Lublaňská ihr eine Abfindung anbot, nahm sie kurzerhand an. Ohne jede Rücksicht auf uns. Und so fanden sich die Prager Straßenkinder in einem Dorf wieder, in dem die Füchse und Hasen nicht einmal kamen, um gute Nacht zu sagen, weil sie dort nichts zum Fressen hatten. Der Laden öffnete zweimal in der Woche für zwei Stunden, der Bus fuhr nur morgens und abends, und das örtliche Kulturzentrum war mehr so vom Typus „Dorfkneipe“. Zwar gab es dort Bier für vier Kronen und ein großer Wodka kostete zehn. Aber das waren auch schon die einzigen lokalen Annehmlichkeiten. Abgesehen vom Heimatdorf meines Vaters, wo die westslowakischen Straßen endeten, hatte ich noch nie einen ähnlichen Hinterwald gesehen.

Meine Mutter verkündete einfach, dass wir in die Dorfschule gehen oder im Internat leben müssten. Wir, die wir aus Žižkov stammten und es gewohnt waren, auf Rollschuhen die Vinohradská-Straße hinunterzufahren – allein hinunter und im Schlepptau der Straßenbahn hinauf, was übrigens ein sehr gefährlicher Zeitvertreib war, denn ein Loch genügte und das Unglück war vorprogrammiert. Die Geschwistermusiker, die nachts in Clubs spielten. Jungs, die Freunde und ihre Liebsten in Prag hatten. Und das Wichtigste: Sie gingen zur Schule. Bis heute glaube ich, dass meine Mutter damals verrückt geworden ist. Aber ihre Idee von Ziegen, Schweinen und Kartoffeln setzte sich durch, und später baute sie sie tatsächlich in ihrem Garten Kartoffeln an.

Tatsächlich zog sie in ein Loch, in dem es einige Einfamilienhäuser und zwei Wohnblöcke gab. In einem hauste einer halb schwachsinnige Roma-Bewohnerschaft, in der anderen eine etwas intelligentere, aber immer noch strohdumme Gadže. Die meisten Einheimischen, die das Glück hatten, eine Arbeit zu haben, verdingten sich auf den Feldern oder in der Sägemühle. Die Klügeren pendelten zur Arbeit nach Jičín. Aber die erdrückende Mehrheit der Einwohner arbeitete nicht, denn die Arbeitslosenquote entsprach der Anzahl der monatlich getrunkenen Biere. Die meisten Menschen dort kannten Prag nur von Bildern, und das ultimative Erlebnis für sie war die schmutzige Prager U-Bahn am Hauptbahnhof.

Meine Eltern wurden Besitzer eines kleinen Häuschens, und das Einzige, was sie aus Prag mitnahmen, war ihr – jetzt modernerer – roter Škoda. Mein Vater hatte seine Arbeit in den Papierfabriken aufgegeben und dachte vollkommen unrealistisch, dass er seine Erfahrungen als Lagerverwalter und später als Lagerleiter im Dorf anwenden könnte. Bevor er mit der Realität des Dorflebens in Berührung kam, war er von dem Haus genauso begeistert wie meine Mutter. Und wir Geschwister hatten nur zwei Möglichkeiten. In Prag zu bleiben und allein zu leben, oder mit ins Dorf zu gehen.

Eine Zeit lang wohnten wir bei meiner Tante Olina, die immer noch in Vlkovka lebte, wo ich in die Sekundarschule ging. Aber wir konnten einfach nicht alle in einer Ein-Zimmer-Wohnung leben. Drei Geschwister, eine Tante, eine Cousine und ein Cousin, das war zu viel für eine kleine Wohnung. Dass wir kein Bad hatten, sondern nur eine Duschecke in der Küche, darauf will ich gar nicht erst eingehen. Dass sich die Toilette im Flur befand, auch nicht. Und der Gestank, wenn der Nachbar Košíček, der sich in den sechziger Jahren das letzte Mal gewaschen hatte, die Tür öffnete, daran werde ich mich für den Rest meines Lebens erinnern. Als man Košíček waschen musste, ist er gestorben.

Es war eine Zeit, in der wir uns selbst um uns kümmern mussten. Mein älterer Bruder blieb bei meiner Tante, und mein Zwillingsbruder und ich zogen zu einem Freund nach Počernice. Zum Glück fuhr von dort aus ein Zug, so dass wir weiter die Schule besuchen konnten. Ich fand einen Teilzeitjob und begann in einer Firma zu arbeiten, die Türen herstellte. Den ganzen Tag in der Schule, von der Schule zur Arbeit, spätabends nach Hause.

Ich konnte nur ein paar Wochen in Počernice bleiben. Bald geschah das, was passieren musste. Der Freund begann uns zum Auszug zu drängen. Und mein Zwilling verkündete mir, ich solle ausziehen, weil er mit dem Freund vereinbart hätte, in der Wohnung zu bleiben. Und so geschah es dann auch. Zum ersten Mal in meinem Leben trennten sich meine Brüder und ich also tatsächlich. Der Ältere in Žižkov, mein Zwillingsbruder in Počernice, und ich abwechselnd bei meiner Tante, bei Freunden oder in der Wohnung meiner „Schwiegermutter“ Lenka, wohin mich heimlich hineinschlich, bis ich eines Tages einfach dortblieb. Und erst in einer Krisensituation versteht man, was die Prioritäten im Leben sind. Meine Familie konnte mir nicht mehr helfen. Dafür halfen mir meine Freunde. Martin Sartori, der sich sein halbes Leben zu den Faschos bekannte, mich aber nie im Stich gelassen hat. Und Tonda Novák. Die Eltern der beiden haben mich nie auf der Straße gelassen, und mit den Eltern von Tonda Novák telefoniere ich heute noch gelegentlich. Ich denke an sie, wenn ich an Fibichovka vorbeifahre, wo sie immer noch leben. Ich werde nie Silvester '98 vergessen, als die Mutter von Martin Sartori überall nach mir suchte, nur damit ich nicht allein blieb und bei ihrer Familie feiern konnte. Und ich habe in meinem ganzen Leben noch nie so viel getrunken wie in dieser Nacht. Und wenn ich Martin Sartori und Tonda Novák sage, dann danke ich ihnen im gleichen Atemzug. Für ein Zuhause. Für ihre Einstellung, und vor allem für das Wissen, dass Gadžo nicht gleich Gadžo ist. Diese Menschen haben mir die Hand gereicht, als ich am Ertrinken war. Und sowas vergisst man einfach nicht.

Bei meiner „Schwiegermutter" liefen die Dinge ein bisschen anders als bei uns zu Hause. Sie war sehr eigenwillig, reiste viel, und so lebten wir oft allein mit Majdas Schwester, von der ich bis heute nicht weiß, ob sie mich oder ihre eigene Schwester mehr hasste. Auf jeden Fall herrschte dort oft dicke Luft. Und das war weder für Schwester angenehm, noch für meine „Schwiegermutter" und schon gar nicht für uns. Das Schlimmste war, dass ich mich in nichts einmischen konnte. Ich war fünfzehn, im Grunde ein geduldeter Obdachloser, und das Einzige, was mich berechtigte, die Wohnung zu benutzen, war die Zustimmung der Eigentümerin. Die Mädchen stritten sich oft untereinander und später mit ihrer Mutter. Also begannen wir, in ein Häuschen in Černošice zu fliehen, das ihrer Familie gehörte. Wir kletterten nachts heimlich durch das offene Fenster hinein und schliefen dort. Ich hatte keine Ahnung, wie die Hütte aussah, denn wir konnten nicht einmal das Licht anmachen. Aber es war ruhig dort. Ein Ort der Stille. Keine Streitereien.

Der letzte Ausbruch kam, als meine Partnerin sich heftig mit ihrer Mutter und ihrer Schwester gestritten hatte, wegen der Schule. Das Ergebnis war, dass wir plötzlich zu zweit obdachlos waren. Meine Freundin packte ihre Sachen und lief von zu Hause weg. Wir waren ohne Wohnung, ohne Geld, ohne Arbeit und ohne Zukunftsperspektive. Wir packten unsere Sachen und gingen an den einzigen Ort, wohin wir konnten. In das Dorf meiner Eltern. Wir zogen in eine Welt, die ich nicht verstand, und das Schlimmste war, dass ich keinen Weg zurück sehen konnte. Ich stellte mir eine Karriere als Sozialhilfeempfänger oder als Bauarbeiter vor. Mein Traum von einem schuldenfreien Leben auf Gadže-Niveau war ausgeträumt. Ich wurde ein Zigeuner an einem Ort, in dem eigentlich jeder ein Zigeuner war, unabhängig von seiner Herkunft. Von den Höhen ging es schön bergab, nach unten. In diesem Fall sogar noch tiefer.

EINUNDZWANZIG

Das Leben in Vršce wurde nicht in Monaten gezählt. Es wurde ab dem Datum der Auszahlung der Sozialleistungen gerechnet. Es war leicht zu erkennen, wenn die Leute Geld hatten. Meistens gingen sie direkt in den örtlichen Lebensmittelladen, um bessere Zigaretten zu kaufen, und abends war die Kneipe voll. Die Auszahlung der Sozialhilfe war auch die einzige Zeit, in der sich Roma und Gadže in der Kneipe trafen, wo es Bier für vier Kronen gab. Ansonsten verbrachten die Roma ihre Zeit meist vor den Wohnhäusern und die Gadže vor ihren Häusern oder in der Kneipe.

Überraschenderweise bekam mein Vater einen Job in der örtlichen Sägemühle. Er fing dort an zu arbeiten, nachdem ihm klar geworden war, dass das Zigarettengeschäft, mit dem er ein Gewerbe gründen wollte, einfach keine Zukunft hatte. Meine Mutter bezog Invalidenrente, weil sie bereits sehr krank war. Wenn die arme Frau gewusst hätte, wie bald sie sterben würde, hätte sie Prag wohl nicht verlassen. Majda und ich wohnten im obersten Stockwerk, wo wir ein Dachzimmer für uns allein hatten, und wir verdienten unseren Lebensunterhalt mit der Herstellung von Puppen für unseren „Schwiegervater", der diese auf der Havelák-Markt in Prag verkaufte. Das einzige Wort, das mir damals in den Sinn kam, wäre „langsam" gewesen. In diesem Loch ging alles furchtbar langsam voran. Selbst die Busfahrer waren so langsam, dass ich es vorzog, zu Fuß in das fünf Kilometer entfernte Kopidlno zu laufen.

Die Leute hier waren so faul, dass sogar die Polizeistreife immer zur gleichen Zeit und an gleicher Stelle in Cholenice (das lag an der Straße Kopidlno–Vršce) stand. So stieß ich auf den ersten Vorteil des Dorfes. Ich konnte mit dem Škoda meines Vaters problemlos herumfahren, weil mir nicht wirklich eine Verkehrskontrolle drohte. Und je länger ich fuhr, desto sicherer wurde ich hinter dem Lenkrad. Mit sechzehn Jahren hatte ich also schon Tausende von Kilometern zurückgelegt, mit nur einer einzigen Kontrolle. Sicher, es war nicht richtig. Ich hatte einfach nichts am Steuer verloren. Aber erklären Sie das mal einem rebellischen Teenager.

Mein Vater fand in seiner neuen Arbeit einen neuen Trinkkumpel, der Zoli hieß. Währenddessen gabelte mein älterer Bruder ein Mädchen auf. Der örtliche Playboy hatte bereits seit ein paar Jahren ein Auge auf die Kleine geworfen, nur um einen Prager Kerlchen den Vortritt lassen zu müssen. Im Nachhinein betrachtet müssen wir für die Einheimischen eine Offenbarung gewesen sein. Wir waren nicht auf den einheimischen Rhythmus eingestellt, und als ich einer rothaarigen Einheimischen ein Kompliment zu ihren Brüsten machte, die wirklich beachtlich waren, wäre es fast zu einer Schlägerei gekommen. In Prag hätte die Dame gelächelt, wäre ein wenig rot geworden und hätte sich weiter amüsiert. Wäre sie Puritanerin gewesen, hätte sie mir eine Ohrfeige verpasst. Hier aber sprach das ganze Dorf über den Vorfall. Und dabei hatte ich sie nicht einmal berührt. Kurzum, ich traf auf eine Gemeinschaft, in der das größte Erlebnis der Woche ein Ausflug nach „Kopidno" war, die Reise nach Jičín ein Monatshighlight, und das Erlebnis des Lebens war der Wenzelsplatz. Ich hatte in meinem Leben schon viele Filme über Hinterwäldler gesehen und dachte bis dahin wirklich, dass das nur so im Drehbuch stand. Hier sah ich Hinterwäldler im wahrsten Sinne des Wortes, und obwohl ich jeden Abend gerne zu meiner Nachbarin ging, um Milch zu holen, die sie in einen Blecheimer melkte, wollte ich von dort weg. Ich gehörte dort nie hin, und ich bewunderte meine Liebste dafür, wie entspannt sie damit umging.

Aber merkwürdigerweise funktionierten die Beziehungen im Dorf relativ gut. Also sie funktionierten getrennt voneinander. Die Roma lebten unter sich, genauso wie die Gadže unter sich lebten, und obwohl es gelegentlich Streit gab, fiel dieser nicht so heftig wie in Prag aus. Allerdings hörten wir praktisch sofort nach unserem Einzug von den Eskapaden mit dem örtlichen Schläger, der in dem oberen Wohnhaus wohnte. Und wir erfuhren von ihm vor allem durch die örtlichen Roma, die alle Angst vor ihm hatten, weil er Kontakte zur Polizei besaß. Aber im Grunde waren sie hier höflich zu uns, bis auf eine Alte auf dem Postamt, die mir bei einem Telefonat von einer Telefonzelle aus sagte, wie schade es sei, dass Hitler mit uns doch nicht fertig geworden sei. Und sie meinte es absolut ernst. Sie war vielleicht neunzig Jahre alt.

Mein älterer Bruder hatte größere Reibereien mit den örtlichen Roma, denen es nicht gefiel, dass er einer Heiratskandidatin den Kopf verdreht hatte. Das ging so weit, dass sie meinen Bruder sogar körperlich angreifen wollten. Unsere Lucy hat sie davon abgehalten. Eine deutsche Schäferhündin, die wir schon seit langer Zeit in Prag hatten, und plötzlich war sie ein Dorfhund. Lucy war stark, groß und extrem schlau. Sie kam mit den örtlichen Roma nicht zurecht und schnappte schon beim ersten Vorfall nach den örtlichen Schlägern. Wir waren nicht mehr nur die „Prager Arschkrampen", sondern auch die „Arschkrampen mit der verrückten Töle". Ehrlich gesagt war das für mich in Ordnung. Die Roma von Žižkov waren zwar arm, aber ganz anders als diese Leute. Für „unsere" Roma war es normal, zur Arbeit zu gehen. Es war normal, dass die Kinder zur Schule gingen. Es war normal, zu Hause heißes Wasser zu haben. Wir schrieben doch das Jahr 1998! Hier lebten die Roma in Mehrfamilienhäusern und teilten sich wie Indianer in Stämme auf. Komanchen und Apachen, in der hiesigen Version hießen sie Čureja und Kroka. Und das waren die wohlhabenderen unter ihnen. Als ich meinen Vater von seinen

Trinkgelagen mit Zoli abholte, sah ich schier Unglaubliches: Verwandte der Roma aus Vršice lebten in Häusern, die früher einmal Scheunen waren, ohne Wasser, ohne Strom und oft ohne Türen. Überall gab es Haufen von Kindern, die in eine Umgebung hineingeboren wurden, in der sie eigentlich nicht anders aufwachsen konnten als ihre Eltern. Und für sie war ein Leben ohne Türen ausreichend. Sie waren glücklich unter sich zu sein.

Da merkt man ganz schnell, wie sehr man sich an einen ganz anderen Standard gewöhnt hat. Meine alte Freundin Iveta hatte auch kein Bett und schlief nur auf Schaumstoff. Gläser gab es bei ihr auch nicht. Oft wussten sie auch nicht, wie es in Zukunft weiter gehen würde. Aber Ivetas Mutter lebte im Prager Stadtteil Vinohrady in einer Dreizimmer-Wohnung von neunzig Quadratmeter, einem Bad, warmem Wasser, Gasofen und vielen Möglichkeiten, Geld zu verdienen. Von Milada ganz zu schweigen. Bei ihr zuhause waren so viele Leute, dass sie kaum in die Wohnung passten. Aber im Vergleich zu dem, was ich jetzt sah, schien Milada aus einer reichen Familie zu stammen. Das war keine Armut, wie wir, die Kinder aus Žižkov, sie wahrnahmen. Das war eine andere Art von Armut. Diese Menschen hatten wirklich nichts in ihren Häusern oder in ihren Köpfen. Ich will nicht sagen, dass die meisten lokalen Roma Idioten waren, aber aus der Sicht eines Prager Rom, der sich um Integration bemüht? Das ging echt gar nicht. Ich selbst habe in meinem relativ kurzen Leben weit mehr Bücher gelesen als diese ganze Gruppe von Menschen in ihrem ganzen Leben. Und das lag nicht daran, dass sie es nicht konnten. Sie wollten es einfach nicht. Sie waren mit dem zufrieden, was sie hatten, und das Geld kam in regelmäßigen Abständen vom Amt. Für mich etwas, das ich weder damals noch heute verstehen konnte.

Zu den Roma, den Oláh-Roma, den Gadže, den Nazis und der Polizei kam eine weitere Gruppe hinzu. Roma, die maximal bis an morgen denken.

ZWEIUNDZWANZIG

Meiner Mutter gefiel es in Vršce. Endlich war sie an einem Ort, wo jeder sie kannte, sie konnte im Lebensmittelgeschäft anschreiben lassen, und der Nachbar von gegenüber unterhielt sich tagelang mit ihr über Kartoffeln und Zwiebeln. Mama konnte nicht ahnen, in welchen Schlamassel sie geraten war. Sie dachte immer, sie würde diese Kartoffeln anbauen, und das würde reichen, um davon zu leben. Aber man muss dazu sagen, dass sie nicht allein war. Švára unterstützte sie, denn er fuhr gerne zur Hütte, wo wir den ganzen Tag Holz hackten und sägten, und abends roch es nach Wurst und Bier. Papa hatte seinen Saufkumpanen, der die Onkel Marian, Vojta, Jonek, Igor, Memento und etwa eine Million anderer Verwandter ersetzte, denen die neunzig Kilometer einfach zu viel waren, und daran konnte auch eine Flasche nichts ändern.

Damit war auch der romantische Teil der Geschichte zu Ende. Dies war eine Region, in der die Arbeitslosenzahlen zweistellig waren und das nächste größere Geschäft siebzehn Kilometer entfernt. Hier ohne Auto zu leben, war völlig undenkbar. Und als mein Vater seine Arbeit im Sägewerk verlor, weil es mehr Fahrer als Material gab, war das eine wirtschaftliche Katastrophe. Zu diesem Zeitpunkt lebten wir zu sechst in dem Haus. Mein Zwillingsbruder, der Počernice ebenfalls verlassen musste, wohnte auch wieder bei uns. Und weil er schon mal da war, suchte er sich in den örtlichen Gewässern eine Partnerin. Ein nettes Roma-Mädchen, das eine Mutter aus einer nicht einzuordnenden Kategorie hatte. Als ich eines Tages dort zu Besuch war und sah, wie sie das Mädchen behandelte, verstand ich sofort, warum das Mädchen so schnell wie möglich weg wollte. Was aus meiner Sicht eine Katastrophe war, war für sie das Paradies.

Wir verdienten etwas Geld mit dem Verkauf von Puppen, aber es reichte nicht zum Leben. Wir suchten nach Möglichkeiten, zurück nach Prag zu ziehen, wo ich auch mit etwas anderem Geld verdienen konnte als mit Besenbinden, dem Färben von Kunsthaaren und dem Nähen von Röcken und Hosen. Ich war es von klein auf gewohnt zu arbeiten, und hatte eigentlich immer Geld verdient. Plötzlich hatte ich kein Geld mehr, und es gab einfach keine Möglichkeit, welches zu verdienen!

Ironischerweise entschied die Polizei über meine Rückkehr nach Prag. Ich wurde in einen Konflikt hineingezogen, der seit dem Einzug meiner Eltern in das Haus in der Luft lag und vor dem uns das ganze Dorf gewarnt hatte. Es kam zu einer körperlichen Auseinandersetzung mit dem örtlichen Schläger. Wie es dazu kam, weiß ich nicht. Es war mein Vater, der als erstes in Schwierigkeiten geriet, er weckte mich um elf Uhr abends, damit ich ihn in die örtliche Kneipe begleitete. Ich wusste nicht, dass der Schläger meinen Vater eine Stunde zuvor bedroht hatte, also trank ich in der Kneipe eine Himbeerlimo und schleppte meinen Vater dann nach Hause. Als wir an der Grundstücksgrenze ankamen, registrierte ich nur noch, wie der Schläger auf meinen Vater zulief, und ich sah noch, wie mein Vater zu Boden ging. Prompt beförderte ich den Schläger auch dorthin, womit ich den Konflikt für beendet hielt. Aber es war noch lange nicht vorbei. Schätzungsweise zehn Leute rannten aus der Kneipe, und bevor ich etwas zu meiner Verteidigung sagen konnte, lag ich am Boden, und ich habe keine Ahnung, wer mich gerade getreten hat, und ich weiß nicht einmal, wie lange es dauerte. Ich sah nur noch, wie mein Vater einen Mann von mir wegzog, und ich hörte, wie meine Brüder aus dem Haus rannten und sich prügelten, bis die Polizei eintraf.

Am Tatort sah aus wie nach der Schlacht am Weißen Berg. Überall Kleidungsstücke und Blut. Ein paar Leute wurden ins Krankenhaus gebracht, wir gingen nach Hause, um uns zu waschen. Wir sahen schrecklich aus. Und dann passierte etwas, was ich in Prag noch nie erlebt habe. Die Beamten waren höflich zu mir und fragten mich, was passiert sei. Ich war so geschockt, dass ich den Konflikt überhaupt nicht zusammenhängend beschreiben konnte. Und ich denke, dass die Tatsache, dass ich als Einziger der an der Schlägerei Beteiligten keinen Tropfen Alkohol im Blut hatte, sehr zu ihrem höflichen Verhalten beigetragen hat. Am nächsten Tag sollte ich zur Vernehmung kommen.

Ich kam in Kopidlno mit der Befürchtung an, dass das Verhör ähnlich ablaufen würde wie das in Prag. Schläge, Drohungen und alles, was mir bisher widerfahren war. Aber nichts davon trat ein. Im Gegenteil, ich konnte in aller Ruhe erzählen, was tatsächlich geschehen war, und die Polizei schrieb sogar alles, was ich sagte, wortwörtlich in den Bericht und bot mir an, den Text vorzulesen. Ich war so überrascht von ihrem Handeln, dass ich mich sogar bedankte.

Ich konnte nicht verstehen, warum die Dinge hier so friedlich abliefen und in Prag nicht. Der Typ war ein weithin bekannter Raufbold, und wir waren sicher nicht die ersten, die mit ihm in Konflikt gerieten. Aber für mich war es das erste Mal, dass mich die Polizisten wie einen Menschen behandelten. Niemand schrie mich an, niemand beschimpfte mich. Zum ersten Mal in meinem Leben verließ ich die Polizeistation nicht mit dem Gefühl der Hoffnungslosigkeit und Angst. Ich ging mit dem Wissen, dass dieses Mal alles gut ausgehen würde.

Was auf dem Polizeirevier gut gelaufen war, lief weniger gut im Dorf ab. Die örtlichen Gadže machte uns klar, dass wir hier nicht mehr willkommen waren. Niemand hatte nachgefragt, was passiert war. Und ich glaube auch nicht, dass es jemanden interessierte. Als ich Zigaretten kaufen wollte, wurden sie mir jedenfalls nicht verkauft. Als ich in den Lebensmittelladen ging, weigerte sich der Angestellte, mich zu bedienen. Und der Schläger drohte mir immer wieder mit Rache. Es machte mir nichts aus, ich wusste, dass ich mit ihm fertig werden konnte. Aber ich wollte nicht in einen weiteren Konflikt verwickelt werden, den dann wieder die Polizei lösen müsste. Also wählte ich eine Taktik, die darin bestand, zurück nach Prag zu fahren. Egal wohin, egal wie, nur weg. Denn ich habe eine sehr wichtige Sache verstanden. Gegen Hinterwäldlertum ist kein Kraut gewachsen. Wenn du denen in die Quere kommst, hast du Pech gehabt. Und ich störte hier mehr als in der Hauptstadt. Also musste ich einfach nur meine Sachen packen. Der perfekte Tag war der Tag, an dem mein älterer Bruder, meine Freundin und ich nach Prag fuhren, um ein paar Schularbeiten zu erledigen. Wir sind einfach nicht ins Dorf zurückgekehrt. Trotz des Widerstands meiner Mutter und späterer Bitten, zurückzukommen, denn sie und mein Vater blieben schließlich allein dort. Es war an der Zeit, mit der Integration weiterzumachen!

DREIUNDZWANZIG

Nach Prag zu ziehen ist ok, solange man dort eine Bleibe hat. Meine Freundin übernachtete ab und zu bei ihrer Mutter, ich wiederum bei meinen Freunden. Nur der Großvater meiner Partnerin gab uns eine gewisse Sicherheit indem der uns erlaubte, im Wochenendhäuschen in Černošice zu wohnen. Dort, wo heute Villen stehen, gab es früher eine Häuschenkolonie. Das kleinste Häuschen mit dem größten Grundstück gehörte ihrer Familie. Es war toll, dass wir nicht mehr durch das Fenster hineinklettern mussten, sondern die Schlüssel bekamen. Wir konnten uns etwas zu essen kochen und das Licht anmachen. Und endlich konnte ich mir das Häuschen von innen ansehen.

Im Grunde nach waren es zwei kleine Zimmer, die über einem Steinkeller gebaut waren, mit einer angeschlossenen Küche mit Spüle und kaltem Wasser. Normalerweise würde man sich vorkommen, als wäre man echt abgestürzt. Ich aber wähnte mich im Paradies. Überall gab es Fensterläden, wie bei Väterchen Frost. Nicht so schön bemalt, sondern echte, unverfälschte Fensterläden, die man schließen konnte, und plötzlich war es drinnen völlig dunkel. Außerdem gab es neben dem Haus ein riesiges Grundstück, auf dem Obstbäume wuchsen, und es war so viel Platz, dass man einen Spaziergang von einer zur anderen Seite machen konnte. Und wenn es jemand wirklich zu schätzen wusste, dann war es unsere Hündin Lucy, die wir mitgenommen haben. In Vršice hat die arme Lucy wirklich gelitten, weil sie immer wieder weglief und angekettet werden musste. Und das tut einem Hund nicht gut. Schon gar nicht einem Deutschen Schäferhund. Und meine Mutter konnte es sich zudem nicht leisten, ihr richtiges Futter zu geben. Die eigentlich lebhafte, fünfzig Kilo schwere Hündin sah aus, als hätte sie wochenlang nichts zu Fressen bekommen. Der Tierarzt sagte, es wäre das Beste, sie einzuschläfern. Aber ich mochte den Hund lieber als die meisten Menschen, die ich kannte. Lucy war nicht nur ein Hund. Sie war ein Mitglied der Familie.

Ich fand einen Job bei der Agentur Aisa. Für ein sehr mickriges Gehalt fuhr ich jeden Tag nach Prag, telefonierte tagelang mit Menschen und stellte ihnen Fragen, die ich selbst nicht verstand. Damals gab es noch keine Callcenter wie heute. Damals saßen dreißig Leute nebeneinander, jeder schrie durcheinander, und es sah eher nach Wall Street aus als nach einer Agentur, die sich mit Markt- und Meinungsforschung beschäftigt. Und neben uns saß immer ein Vorgesetzter, der sich anhörte, wie die Anrufer uns zum Teufel schickten, und der darauf achtete, dass wir nichts sagten, was er für unangemessen hielt. Und das Schlimmste war, dass ich den Angerufenen nie erklären konnte, woher wir ihre Kontakte hatten. Damals gab es zwar Handys, aber kein öffentliches Register. Und die Befragten waren nicht dumm. Ich geriet also in Situationen, die sehr unangenehm waren, aber zum größten Teil konnte ich die Reaktionen der Leute absolut verstehen. Wahrscheinlich würde ich mich auch so verhalten. Aber es war ein Job, der Geld einbrachte, und ich brauchte das Geld mehr als alles andere.

Als wir unser erstes Gehalt kassierten, besserte sich die Stimmung deutlicher. Ich bei Aisa, meine Freundin an der Rezeption im Hotel. Wir stellten immer noch Puppen her, die auf dem Havelák verkauft wurden. So konnten wir uns besseres Futter für Lucy leisten. Ich tat mein Bestes, um sie wieder auf die Beine zu bringen. Ich kochte Knochen aus, zerkleinertes Fleisch, das wirklich übel roch, mischte es mit Granulat und gab es ihr nicht in den Napf, sondern direkt in die Waschschüssel. In den ersten Wochen fraß sie kaum, lag die ganze Zeit nur apathisch herum. Da habe ich mich wirklich gefragt, ob es in Prag einen Hundepsychologen gibt, denn sie sah genauso aus wie ein depressiver Mensch. Eine übergroße Hündin, die nur da liegt und nicht fressen will, so dass man sie füttern muss. Schrecklich.

Die Lösung lag direkt vor unseren Augen, wir konnten sie nur nicht gleich erkennen. Ein Hund tauchte bei der Arbeit meiner Schwester auf. Ein Welpe, um genau zu sein, von einer Rasse, die ich nicht richtig identifizieren konnte. Wahrscheinlich war er ein Mischling, aber anfangs sah er aus wie ein Dackel, später wie ein Cocker, kurzum, für unsere Hündin war es ein Segen. Wir nahmen den Welpen mit und brachten ihn zu Lucy. Und ein Wunder geschah. Meine halbtote, unterernährte Hündin erwachte so schnell wieder zum Leben, dass ich nicht mehr mit dem Füttern von Fleisch, Nudeln und Granulat nachkam. Ich kaufte es nicht mehr in kleinen Tüten, sondern in großen, fünfundzwanzig Kilo schweren Säcken, die ich auf dem Rücken aus der Tierhandlung am Bahnhof trug. Plötzlich hatten wir nicht mehr nur einen Hund, sondern zwei. Der Welpe bekam den Namen Joxer und einen Platz auf dem Wohnzimmerboden.

Ein paar Wochen später war Lucy wieder ein Hund, wie es sich für einen Deutschen Schäferhund gehört. Sie war nicht nur ein Schäferhund, sie hatte auch Anteile von einem Wolf, was wohl der Grund für ihre abnormen Proportionen war. Wenn sie auf die Hinterbeine stellte, war sie über einhundertsiebzig Zentimeter groß und wog fünfundfünfzig Kilo. Dieser Hund war furchteinflößend, und immer, wenn wir Gassi gingen, fühlte ich mich so sicher, wie sonst kaum in meinem Leben. Und Lucy war ein verdammt dankbarer Hund. Sie wusste, dass ich sie vor dem sicheren Tod gerettet hatte, und sie ließ mich das für den Rest ihres Hundelebens wissen. In jener Zeit war ich bereits krank, ich wusste es nur noch nicht offiziell. Ich hatte häufige Anfälle von schnell einsetzendem Herzklopfen, das manchmal so weit ging, dass ich völlig gelähmt war und mich nicht mehr bewegen konnte. Und nur der Hund wusste Bescheid. Ich habe es weder meiner Mutter noch meiner Freundin oder meinen Geschwistern erzählt. Und wenn es mir besonders schlecht ging, war es meist nur Lucy, die mich immer ableckte, wenn ich einen Anfall hatte und mich hinsetzen musste.

In der Meinungsforschungsagentur war es schlimmer. Ich war einfach kein guter Telefonist und konnte die Leute nicht dazu bringen, mit mir zu reden. Meistens brachte ich nur Dinge wie „Entschuldigung, einen schönen Tag noch“ raus. Außerdem übersetzte ich die Fragen, die von Soziologen für teures Geld formuliert worden waren, oft in die Umgangssprache, damit nicht nur ich sie verstehen konnte, sondern auch die Befragten, die sehr oft nicht verstanden, was ich sie fragte.

Und so geschah, was geschehen musste. Nach einem Gespräch in einer anderen Sprache als der, die auf dem Bildschirm flackerte, wurde ich einfach gefeuert. Dieser Versuch der Integration hatte einfach nicht funktioniert. Mir wurde klar, dass ich wirklich nicht dafür geschaffen bin, Aufgaben auszuführen, die ich für schwachsinnig halte. Was zum Teufel ist normal daran, fünf Minuten lang über die Präferenzen bei der Wahl eines Mobilfunkanbieters zu sprechen, wenn man einfach fragen kann, ob der Kunde mehr Wert auf die Qualität der Netzabdeckung oder auf einen billigeren Service legt, was ja das ganze Prinzip dieser Umfrage war? Ich verstand, dass der Sozialwissenschaftler seinen Preis hatte. Ich verstand, dass ein Soziologe viele Jahre lang studiert hat, um Soziologe zu werden. Aber ich war mir ziemlich sicher, dass ein Soziologe keine fünf Minuten in Žižkov überleben würde, weil ihn niemand verstanden hätte. Ich war hier viel besser integriert als das ganze Team von Soziologen!

VIERUNDZWANZIG

Der Garten hatte mehrere Vorteile. Abgesehen davon, dass die Hunde sich dort austoben konnten, gab es auch viel Material für die Herstellung von Puppen, und da ich arbeitslos war, machten wir uns an die Herstellung von Hexen. Wir haben sie aus dem gemacht, was der Garten hergab. Die Gartenversion hatte also handgefertigte Besen aus Zweigen, Haare voller Blätter und Tannenzapfen und einen Kopf, der dem Kopf meiner „Schwiegermutter" verblüffend ähnlich sah, was, wie ich glaube, die Rache des „Schwiegervaters" an seiner Ex-Frau war. Eine alte Waschmaschine mit Heizung diente uns luxuriöserweise als Behältnis zum Färben von Stoffen, und eine gespendete Nähmaschine wurde zum grundlegenden Arbeitsmittel, mit dem ich Röcke, Hosen und Mäntel nähte, und innerhalb weniger Wochen war ich so sicher im Nähen, dass ich in der Lage war, Teile auch ohne Schnittmuster auszuschneiden.

Doch immer öfter fragte ich mich, wie wir den Winter überstehen sollten. Der Sommer im Ferienhaus ist eine romantische Sache, und in dem Alter, in dem wir waren, war es wohl das Beste, was uns passieren konnte. Aber der Winter in einer Gartenkolonie, in einer Hütte, die nur mit Strom geheizt werden konnte und in der im November das Wasser abgestellt wurde, damit die Rohre nicht platzten? Meine Freunde halfen mir. Gemeinsam rissen wir die Toilette ab, die seit vielen Jahren nicht mehr in Betrieb war, und reinigten die Senkgrube, die wiederum wie ein Atombunker aussah. Wir bauten eine neue Toilette in Form eines

Klohäuschens, das zwar hässlich war, aber einwandfrei funktionierte. Wir ersetzten den Holzboden durch einen Betonboden und legten Matten auf den Boden aus, damit wir nicht froren. Wir versiegelten die Veranda des Schuppens und entrümpelten den Keller, den wir später als Zwischenlager für Müllsäcke nutzten. Das war übrigens eines der größten Probleme, das wir in der Hütte hatten. Es gab keine Mülltonnen und keine Müllabfuhr. Und einen Termin konnte man damals nicht bekommen. In den ersten Wochen fuhren wir die Müllsäcke in die Stadt und warfen sie in die Mülltonnen, aber später mussten wir sie in den Keller stellen, weil es mühsam war, mit jedem Sack die Treppe hinauf und hinunter zu laufen. Zum Glück half uns ein anderer Freund, der bei der Müllabfuhr arbeitete. So kam er ab und zu bei uns vorbei und nahm alle Säcke mit. Das Häuschen war zwar bewohnbar, blieb aber immer noch ein Häuschen. Ich fürchtete mich vor dem Gedanken, was im Winter passieren würde.

Aber bis jetzt war es warm, und das bedeutete, dass wir relativ ruhig leben konnten. Andere Freunde halfen beim Aufräumen und der Gestaltung des Gartens, und so kam es vor, dass die halbe Sekundarschule aus der Vlkovka am Wochenende zusammenkam und wir alle den Tag über aufräumten, um uns dann am Abend bei gegrilltem Fleisch mit selbstgezogenen Salat und selbstgebrannten Schnaps unseres Freundes Vlasta zu betrinken. Eine besondere Erinnerung habe ich an das erste Mal, als Martin Sartori mir zeigte, wie man Fleisch und Gemüse flambierte. Denn auch wenn ich bedauerte, wie viel Rum dabei draufging, war es das köstlichste Fleisch, das ich je gegessen hatte.

Aber es war immer noch so, dass meine Freunde nach einem durchgezechten Arbeitswochenende nach Hause zurückkehren konnten. Sie hatten zu Hause ein Bad, in dem sie die Spuren ihrer Arbeit in der Hütte abwaschen konnten, und sie hatten alle Annehmlichkeiten, die das Leben in einer Wohnung mit sich brachte. Wir wuschen uns mit erhitztem Wasser in einem Waschbecken. Aus Blech. Das war wie im Mittelalter, nur dass wir statt eines Kessels auf dem Feuer einen Wasserkocher benutzten. Damals empfand ich das nicht als besonders belastend, aber wenn ich heute darüber nachdenke, verstehe ich nicht, wie wir dort überleben konnten.

Ich versuchte meine damalige Freundin zu überreden, wieder in das Haus ihrer Mutter zu ziehen, weil es dort bestimmt komfortabler wäre als in der Hütte. Und ich glaube nicht, dass die „Schwiegermutter" etwas dagegen gehabt hätte. Aber meine Partnerin wollte nicht mehr dort leben. Es gab kein zurück.

Paradoxerweise hatte ich einen viel engeren Kontakt zu Lenka als sie. Sie nahm mich immer noch mit zu den Journalisten, nicht nur ins Dženo, wo ich immer noch mit Jarmila Balážová und Zdeněk Ryšavý in Kontakt bin. Immer öfter ging ich auch zum Tschechischen Rundfunk, wo Anna Poláková, die später wegen rassistischer Übergriffe aus der Tschechischen Republik emigrierte, in der lokalen Roma-Redaktion saß. Ich ging zum Reflex, wo Jirka Doležal saß, und schließlich zu Nova, wo ich Josef Klíma, Eva Tomanová, Pavlína Wolfová und Zdeněk Pokorný kennenlernte. Überall versuchte Lenka, mich in irgendeine Position zu bringen. Hauptsache, ich bekam einen Job. Und ich tat meistens, was man mir sagte. Ab und zu habe ich ein Foto gemacht oder ein Interview mit Roma arrangiert, oder fuhr mit ihr durch Prag. Ich habe alles gemacht, wofür ich bezahlt wurde.

Ich war fast siebzehn und war mir bewusst, dass ich, wenn ich die Öffentlichkeit in Zukunft beeinflussen wollte, dies über die Medien tun musste. Und genau da haben mich die Journalisten erwischt. Ob ich wollte oder nicht, ich musste die richtigen Leute treffen, denn damals war es zum Beispiel eine übermenschliche Aufgabe, ins Fernsehen zu kommen.

Ein einziges Mal war es mir gelungen, als mein Bruder und ich bei einer politischen Debatte im tschechischen Fernsehen mitdiskutierten. Wir wollten darüber sprechen, dass es schön wäre, wenn Romani als Wahlfach in der Grundschule eingeführt würde. Das war ein solches Fiasko, dass ich meine Teilnahme an der Debatte schnell vergessen habe. Aber es hatte einen sehr wichtigen Effekt. Das von mir angesprochene Thema war am nächsten Tag in allen Medien des Landes präsent. Es war das erste Mal, dass ich die Medien als Instrument nutzte, um der Öffentlichkeit und den Politikern mitzuteilen, was ich zu sagen hatte. Und es war das erste Mal, dass ich die Macht der Medienwelt erkannte. Das war genau der Moment, in dem mir klar wurde, dass ich meine eigenen Texte schreiben musste, denn an das Fernsehen wagte ich damals noch nicht einmal zu denken. Mein allererster Text wurde von der Zeitschrift Mladý svět gedruckt und es war eine Musikkritik über eine Platte, deren Titel und Autor ich erfolgreich vergessen hatte.

Wer noch nie etwas geschrieben hat, kann nicht nachvollziehen, wie es sich anfühlt, wenn der erste Text veröffentlicht wird. Immer noch war ich sechzehn. Ich rannte morgens zum Zeitungsladen, um die Ausgabe zu kaufen, in der auf einer Seite mein Minifoto und mein Name abgedruckt war. Und es war nicht ein Text in der Schwarzen Chronik!

Eine ähnliche Superbegeisterung habe ich später nie mehr erlebt, auch nicht, als MF Dnes mir einen riesigen Raum im Blatt zur Verfügung stellte, wo meine Kommentare in der Rubrik „Meinungen“ erschienen. Aber damals? Ich rannte zu meiner Familie und zeigte ihr einen Text, der für sie völlig uninteressant war. Das Einzige, was sie interessant fanden, war, dass ich ihn geschrieben habe. Ein Roma-Autor in einem Gadže-Medium. Das war damals ein Ding! Nicht, dass die Roma damals nicht geschrieben hätten, aber die Öffentlichkeit kannte nur Jarmila Balážová, weil sie sehr oft im

Fernsehen auftrat, während andere Roma-Journalisten meist nur für Roma-Zeitschriften schrieben.

1998 preschte ich in den tschechischen Medien vor. Ich begann, regelmäßig für die Zeitschrift Romano Vodi zu schreiben, und gelegentlich wurde ein Text in Mladý svět abgedruckt, weil ihnen gefiel, wie offen ich über Roma schrieb. Keine unvollkommene Integration mehr. Jetzt werden die Gadže lesen, was ich schreibe!

FÜNFUNDZWANZIG

Das war nicht ganz richtig. Das Gadže lasen meine Artikel nicht, oder nicht so, wie ich es wollte. Ich schrieb über die Gründe für die Migration tschechischer Roma nach Kanada und erlebte die erste direkte Reaktion auf meine Texte in Form von Briefen an die Redaktion, die weder für mich noch für die Roma sehr schmeichelhaft waren. Dabei habe ich genau das kommentiert, was um mich herum geschah.

Ein Jahr vor meinem Debüt in den Medien hatte Pepa Klíma eine Reportage über das Leben der Roma in Kanada ausgestrahlt, und auf der Grundlage dieser einen Reportage wanderten mehrere tausend Roma aus der Tschechischen und Slowakischen Republik aus. Und ich machte den „Fehler", zu erklären, warum Roma tatsächlich aus der Tschechischen Republik flohen. Ich habe über meine Erfahrungen mit der Polizei geschrieben, deren Leute zu dieser Zeit rechtlich tun und lassen konnten, was sie wollten. Die Gewalt, die ich auf den Polizeistationen erlebte, war eigentlich nichts Ungewöhnliches. Die Nazis hatten aufgehört, sich zu verstecken, und bekamen eine solche öffentliche Unterstützung, dass alles, was mit den Roma geschah, von der breiten Öffentlichkeit stillschweigend akzeptiert wurde. Es gab also nichts, was die Eskalation der Gewalt hätte verhindern können, denn die Nazis waren einfach nicht zu bremsen. Von wem denn auch. Die meisten Polizeibeamten unterstützten die Nazis mehr oder weniger heimlich, und ein großer Teil bekannte sich direkt zu ihnen.

Mich persönlich hat der Tod von Milan Lacko in Orlová sehr getroffen. Das hat gezeigt, wie wir als Minderheit tatsächlich dran sind. Lacko hatte sich schützend vor seine Tochter und ihren Freund, die von Nazis angegriffen wurden, gestellt. Und nachdem die Nazis ihn verprügelt hatten, ließen sie ihn auf der Straße liegen, wo ein Polizist ihn überfuhr. Bis heute verstehe ich nicht wirklich, was danach geschehen war. Der Chef der Bezirkspolizei in Karviná fing an, in die Welt hinauszuposaunen, dass die Nazis, die Milan Lacko angegriffen hatten, immer noch „nicht ganz trocken hinter den Ohren" wären und dass man die Sache nicht so aufblasen müsse. Doch jeder Polizist wusste, dass es sich um keine Unbekannten handelte und dass sie die Roma nicht zum ersten Mal angegriffen hatten. Später kam die Polizei mit der Version, dass Milan nicht von einem Auto angefahren wurde, sondern von zwei. Zuerst von einem unbekannten Lastwagen, später von einem Polizeiauto, das am Ende einen Toten überfahren hatte. Es wurde nicht erwähnt, dass die Nazis, die Milan verprügelten, den größten Anteil an seinem Tod hatten. Der Höhepunkt war das Gutachten des gerichtsmedizinischen Sachverständigen, der im Grunde genommen sagte, dass die Nazis Milan nur leicht geschlagen haben und dass das Auto für seinen Tod verantwortlich war.

Ich sah dies als eine klare Botschaft der Justiz an die Öffentlichkeit. Ein Roma hat ein paar aufs Maul gekriegt, und weil er hackedicht war, konnte er nicht mehr von der Straße aufstehen, wo er von einem unbekannten Auto mit einem unbekannten Fahrer überfahren wurde. Und die Öffentlichkeit glaubte diese Geschichte gerne. Niemand hielt es für nötig, nachzuprüfen, wer welches Auto gefahren hat und ob der tote Roma Alkohol im Blut hatte. Es interessierte auch niemanden, dass der Polizist der Fahrer des Wagens war, der Lacko tatsächlich getötet hat. Noch mehr kümmerte es niemanden, dass der betreffende Polizist wegen Körperverletzung vorbestraft war und trotzdem weiter bei der Polizei arbeiten konnte. Die Farce wurde dadurch bestätigt, dass eine Gruppe von Nazis vor Gericht auftrat und die anwesenden Roma direkt im Gerichtssaal bedrohte, ohne dass sich jemand (außer den Journalisten) dafür interessierte.

In diesem Zusammenhang wurde auch deutlich, wie wenige Roma-Journalisten es in der Tschechischen Republik gab. Wenn mehr Leute ihren Finger in Wunde legten, würde es niemand mehr wagen, das so unter den Teppich zu kehren. Wir brauchten die Medien und wir brauchten Kontakte zu den großen Redaktionen, Zeitungen, Fernsehen. Glücklicherweise begann Marek Wollner über die Angelegenheit zu schreiben, und in seinem Bericht stand die Information, dass einer der Nazis einem Gerichtsgutachter ein Paar verschimmelte Halbschuhe zur Untersuchung untergeschoben hatte, anstatt der „Römersandalen", die er in jener Nacht trug. Das Obere Gericht forderte daraufhin weitere Gutachten an, aus denen hervorging, dass sich die ganze Sache genauso abgespielt hatte, wie von Milan Lackos Tochter und ihrem Freund beschrieben. Das heißt, dass die Nazis Lacko verprügelt und er von einem Polizisten überfahren wurde. Dieser Typ wurde vor Gericht zu einer Bewährungsstrafe verurteilt, die beiden Nazis erhielten ebenfalls eine Bewährungsstrafe. Die anderen beiden bekamen drei Jahre und sechzehn Monate. Aber das löste einen ungewollten Effekt aus. Die Roma galten als Drecksäcke, weil sie die „braven Jungs" ins Gefängnis schickten. Die Situation war schon vorher nicht gut, besonders nach dem Tod von Tibor Berki vor drei Jahren. Jetzt hat der Rassismus begonnen, sich mit voller Wucht zu manifestieren, weil die tschechische Öffentlichkeit größtenteils begonnen hat, die Nazis zu bemitleiden und zu unterstützen, die (nicht nur) Milan Lacko auf dem Gewissen hatten. Und wir alle spürten das viel mehr als vorher.

Wir konnten nicht mehr in die Kneipe ein Bier trinken gehen, weil sie uns einfach nicht reinlassen wollten. Sobald man mit seinen Freunden in irgendeinen Laden ging, ließen die Sicherheitsleute nur noch die Weißen durch. Den Roma wurde ein Stoppschild vorgehalten. Wenn man in die U-Bahn oder Straßenbahn einstieg, ließ der Kontrolleur alle anderen Fahrgäste stehen und ging direkt zu einem. Im Lebensmittelladen wurde ich nach fast jedem Einkauf kontrolliert, und ich hatte Angst, durch den Hauptbahnhof zu gehen, denn bevor ich das Areal durchquerte, wurde ich von fünf Polizisten kontrolliert, und ich wusste, dass ich jeden Moment zur örtlichen Polizeistation an der Ecke am Parkplatz geschleppt und verprügelt werden könnte. Was auch einmal passiert war. Das war nicht mehr Rassismus in Andeutungen in Mitteleuropa. Das war wie im Süden der USA vor dem Jahr fünfundsechzig. Hier besaß man keinerlei Sicherheiten. Wenn ich Nazis begegnete, rannte ich so schnell ich konnte, denn ich hatte die Erfahrung gemacht, dass ein sich wehrender Roma gegen einen Nazi ein Angriff war, egal wie viele Angreifer es tatsächlich waren. Ich konnte nicht einmal dem Fahrkartenkontrolleur meine Meinung sagen, der mich in dem Moment als Schwarzarsch bezeichnete, als er feststellte, dass ich zu seinem Pech eine Fahrkarte hatte. Ich konnte mir überhaupt nichts erlauben, denn jeder hätte mich jederzeit anzeigen oder angreifen können, und Roma hatte zu diesem Zeitpunkt keine Chance, sich zu verteidigen. Das war genau der Grund, warum die Roma von hier nach Kanada geflohen sind. Sie konnten dieses Leben als Roma in der Tschechischen Republik nicht länger ertragen. Sie flohen an einen Ort, an dem die Demokratie für alle galt. Nicht nur für ein paar Auserwählte. Und ja, es gab bestimmt viele, die einfach nur geflohen sind, weil sie stinkfaul waren und dachten, sie kämen ins Paradies, wo ihnen die gebratenen Tauben direkt ins Maul flögen. Aber die meisten Menschen sind geflohen, weil sie Angst hatten.

Ich habe über all das geschrieben, was ich persönlich gesehen oder erlebt habe. Trotzdem erhielt ich Briefe, in denen mich viele Leser als Lügner bezeichneten, weil „so etwas in der Tschechischen Republik einfach nicht vorkommt." Nein, ich habe nicht gelogen. Ich habe die Realität beschrieben, die eine große Zahl von Roma in der Tschechischen Republik erlebte. Wir waren keine Bürger, die die gleichen Rechte hatten wie die Gadže. Wir waren Bürger zweiter Klasse. Und alle haben sich daran gewöhnt. Wer wusste schon, wer Juraj Šarközi war? Tibor Danihel? Oder Tibor Berki? Emil Bendík? Helena Bihárlová? Sie alle waren Opfer von Rassisten. Und dennoch taten viele Menschen so, als gäbe es in der Tschechischen Republik keinen Rassismus. Zweihundert Menschen kamen am Tag der Beerdigung von Bihárlová, die ertrunken war, nachdem sie von den Nazis ins Wasser gestoßen wurde, um zu protestieren. Zweihundert von Millionen. Wie in dem Song von meinem Bruder: „Ihr denkt immer, ihr müsst euch nicht bewegen. Kein Wunder, dass wir nach Kanada fliehen." Die Integration war schwierig, denn jetzt ging es wirklich ums Ganze. Schade, dass meine Eltern nicht auch aus Tschechien geflohen sind.

SECHSUNDZWANZIG

Es war für mich völlig undenkbar, weiterzuschreiben. Ich hasste die Briefe und hatte Angst, etwas zu schreiben, um nicht die gleiche öffentliche Reaktion zu provozieren, wie ich sie nach Lackos Tod erlebt hatte. Ich hatte es satt, ständig als Schwarzarsch, Lügner und Zigeuner beschimpft zu werden, nur weil ich über genau das schrieb, was in der Tschechischen Republik passierte. Die Gadže wollten das einfach nicht akzeptieren und wählten daher die einfachste Taktik. Sie erklärten mich einfach zum Lügner. Zigeuner lügen, das ist doch klar, oder?

Ich frage mich, was uns die Revolution eigentlich gebracht hatte und ob sie uns nicht eher geschadet hat. Wir durften immer noch nicht sagen, was wir um uns herum sahen oder was wir dachten, weil uns jemand den Mund zuhielt. Wenn es schon nicht die Staatssicherheit war, dann war es die tschechische Polizei, die Wachleute in den Geschäften, die Leser, die meinten, es lohne sich, zur Post zu gehen und einen Leserbrief zu schicken, oder einfach die Nachbarn im Nachbarhaus. Die Krönung des Ganzen war, als eine Gruppe von Nazis vor meinem Haus in Černošice auf mich wartete und mich so zurichteten, so dass ich ins Krankenhaus in Radotín musste, wo ich blutüberströmt und mit offenen Wunden ankam. Der örtliche Chirurg weigerte sich, mich zu behandeln, weil schon nach „Dienstschluss" war, und schickte mich mit dem Zug ins Krankenhaus Na Františku, wo ich schließlich genäht wurde. Als ich zwei Tage später zur Polizei ging, um den Überfall zu melden, lachte man mich aus und warf mich buchstäblich hinaus. Und ich erkannte dabei einen der Nazis, weil er oft mit mir im Zug fuhr und ich ihn auf dem Nachhauseweg sah, so dass ich wusste, wo er wohnte. Kurzum, niemand wollte sich mit der Tatsache befassen, dass die Faschos einen Roma angegriffen hatten. Als ob nichts passiert wäre. Bis heute weiß ich eigentlich nicht, ob der Überfall etwas mit den Texten zu tun hatte oder ob die Jungs einfach wussten, dass in dem Haus ein Roma wohnte. Es ist schwer zu sagen. Aber die Narben trage ich bis heute.

Anna Poláková schickte mich damals zu HOST, der sogenannten Bewegung für Bürgerwehr, Solidarität und Toleranz, wo gerade das erste Roma-Hilfsprogramm für Drogenkonsumenten aufgebaut wurde. Ich war nicht wirklich daran interessiert, aber Anna sagte mir, dass HOST mir helfen könnte, die Schule fertigzumachen und mein Abi nachzuholen. Ich ging also dorthin in dem Bewusstsein, weiterzukommen. Ich hatte gar keine Ahnung, wer Standa Penc oder Ondra Cakl waren. Fedor Gal kannte ich nur aus dem Fernsehen. Und ich war überhaupt nicht darauf vorbereitet, dass ich zu einem halb zerstörten besetzten Haus in der Na Papírně käme, wo sich in den Ruinen die echten Büros einer echten Organisation befanden. Alles, was ich bisher kannte, sah ganz anders aus als das, was ich in HOST gesehen hatte. Ich hatte noch nie ein solches Durcheinander in einem Büro gesehen. Der Drucker war auf dem Boden platziert, überall lagen Papierstapel herum. Und doch kannten sich die hier Tätigen in diesem organisierten Chaos aus.

Es macht keinen Sinn, zu erklären, dass das Haus voller Anarchisten war. Für mich war es eine große Unbekannte. Ich hatte keine Ahnung, wer diese Leute waren. Aber ich erinnere mich lebhaft an den Geruch von Marihuana, der mich umgab. Ich verstand immer noch nicht, wie zum Teufel es hier ein Drogenkonsumprogramm geben konnte. Für mich waren Drogen etwas völlig Unbegreifliches. Eine Plage, die so viele Menschen in Žižkov dahinraffte, dass es meine Vorstellungskraft übertraf. Wie oft bin ich am Viktorka Žižkov-Stadion vorbeigegangen, und an der Bushaltestelle saßen Menschen, die ich mein ganzes Leben lang gekannt hatte, mit einem Lappen vor dem Mund. Klassenkameraden seit dem Kindergarten, die jetzt zugedröhnte Wracks waren, die sich nur darum kümmerten, ob sie genug Klebstoff zum Schnüffeln in ihrem Lappen hatten. Der häufigste Satz, den man von ihnen hörte, war „Schenk mir ein". Die Reicheren und meist Gadže nahmen wiederum Meth. Leute aus guten Familien, die ich als fröhliche Freunde kannte und die ein ganz anderes Leben führten als wir. Und jetzt waren sie ausgemergelte Wracks, die nicht zögerten, zu stehlen oder ihren Körper im Sluníčko, wo die halbe Junkie-Szene sich herumtrieb, zu verkaufen. Und ja, das Klientel war auch schwul. Nette und erfolgreiche Leute wurden zu abscheulichen Gestalten. Erfolgreiche Boxer wurden zu Verlierern, an die sich niemand mehr erinnerte, wer oder was sie einmal waren.

Plötzlich hörte ich Michal Horák zu, der das Projekt vor Ort leitete und über die Risiken des Drogenkonsums sprach. AIDS, Hepatitis, soziale Ausgrenzung... Das Schlimmste daran war, dass es mir völlig egal war. Ich habe selbst nie Drogen probiert, es sei denn, ich zähle die etwa fünf Joints dazu, die ich meistens mit meinem Freund Ludek probiert habe.

Ich hatte kein Mitleid mit Leuten, die Drogen nahmen. Sie hatten eine Wahl. Wer hat 13jährigen Bälgern gesagt, sie sollen Klebstoff schnüffeln? Und wer hat all diesen reichen Gadže gesagt, sie sollen sich zuspritzen? Ich wäre nicht auf die Idee gekommen, Drogen zu kaufen, denn ich brauchte eher etwas zu anziehen als Drogen!

Nein, ich war völlig ungeeignet für so ein Projekt. Ich wusste nichts über Streetworking, und ich hatte das Gefühl, dass die Junkies umso mehr Drogen nehmen würden, je mehr wir sie unterstützen. Ich hätte mir nie träumen lassen, dass es solche Junkies gibt, die mit einer stumpfen Nadel fixen, die vor ihnen schon fünf andere Leute benutzt haben. Und es war mir egal, ob diese Leute behandelt wurden oder nicht. Ich war der Einzige, der für meine Medizin zahlte. Die Arbeit. Ich hätte sie damals alle auf den Bau geschickt, weil ich dachte, dass nur harte Arbeit ihnen das Verlangen nach Heroin, Meth, Kokain und einer Reihe anderer Drogen austreiben würde. Ich muss lachen, wenn ich an meine radikalen Ansichten zurückdenke. Ich habe die Zusammenhänge wirklich nicht verstanden. Aber auch ohne den Kontext habe ich schließlich genickt, um das Projekt auf den Weg zu bringen, als HOST mich in die Evangelische Akademie aufnahm, wo alle klugen Roma des Landes studierten. Keine Integration, einfach nur ein Deal. Ihr gegen mich, ich gegen euch!

SIEBENUNDZWANZIG

Für die erste Schicht bekam ich eine Fototasche, einen Behälter für gebrauchte Spritzen, einen Haufen neuer Spritzen, Desinfektionsmittel und Flaschen mit destilliertem Wasser, um den Süchtigen etwas zu geben, womit sie ihre Drogen verdünnen konnten. Ich verstand immer noch nicht, warum ich das tat. Ich bekam auch einen Guru, einen Typ, der wie ich aussah, nur als ältere Version. Blondes Haar (ja, das war der Unterschied), Kopftuch, gleiche Tasche und gleiche Ausrüstung. Pepa Wünch, mein zukünftiger Freund für den Rest (seines) Lebens. Unsere ersten Schritte machten wir nicht auf die Straße hinaus, sondern ins Drop-in Center, wo die Süchtigen ihr Methadon abholten. Für einige ein Heilmittel, für andere ein weniger schädlicher und kontrollierter Ersatz für Heroin. Die Süchtigen kamen herein, bekamen einen Becher und gingen wieder. Einmal täglich eine Dosis. Ich persönlich verstand nicht wirklich, wozu diese Substitution gut war, denn es schien mir das Gleiche zu sein, als würde man ein Pilsner gegen ein Budweiser tauschen, aber wenn man bedenkt, wie viele Leute wegen Methadon kamen, funktionierte es wahrscheinlich. Ich verstand nur noch nicht, wie.

Ich kannte eine Menge Leute, die Drogen nahmen. Sie waren meist in meinem Alter – sie waren von Meth abhängig oder schnüffelten Lösungsmittel. Ich habe noch nie Junkies gesehen, die zehn, fünfzehn Jahre lang drauf waren. Hier gab es einen ganzen Haufen. Auf den ersten Blick sahen sie aus wie Sechzigjährige, dabei waren sie kaum vierzig. Mit eingefallenen Gesichtern, ohne Zähne, ohne Leben. Obwohl jede Person am

Ende anders aussah, war dies das Einzige, was sie alle gemeinsam hatten. Die Frauen, die dort hingingen, hätten vor zehn Jahren als Unterwäschemodels arbeiten können. Jetzt sahen sie so furchtbar aus, dass die Männer sie nicht mit dem Arsch ansahen. Nein, ich verstand immer noch nicht, was ich in diesem Nadellager verloren hatte, mit einem Haufen Intellektuellen, die Nadeln wechselten und Methadon an Süchtige verabreichten. Erst später verstand ich, welche Risiken der Drogenkonsum für fast alle Menschen birgt und wie vorteilhaft es ist, ihnen eine saubere Nadel zu geben, anstatt zwanzig Menschen gegen Gelbsucht zu behandeln (im besten Fall). Wie Pepa Wünch zu sagen pflegte: „Jede Krone, die jetzt nicht in das Gift gesteckt wird, ist in zehn Jahren hundert Kronen wert."

Pepa wusste genau, wo die Junkies unterwegs waren. Und er kannte die Orte, an denen ich als Kind jeden Tag vorbeigegangen war und nie einen Drogensüchtigen bemerkte. Ich sah sie nicht, weil ich sie nicht sehen wollte. Als ich in meinem Kopf nach Erinnerungen suchte, sprangen sie plötzlich hervor. Zum Beispiel der Park in Žofín. Hätte jemand gedacht, dass sich dort Junkies aufhalten würden? Als Kinder waren wir immer hierhergekommen, um auf der Betonrutsche zu rutschen, und nun tauchten wir am selben Ort auf, um einer Junkiefrau die Nadel zu wechseln. Sie hatte ein paar Tage zuvor entbunden, das Baby im Kinderwagen neben ihr. Man käme nicht auf die Idee, dass die junge Mutter mit dem Kinderwagen, noch dazu im Park, ein Junkie war, der nicht nur sich selbst, sondern auch das Baby, das sie zur Welt gebracht hatte, abhängig machte. Mir war zum Weinen zumute, als Pepa mit ihr über die Behandlung eines wenige Wochen alten Babys sprach, das das Pech hatte, von einem Junkiefrau geboren worden zu sein. Ich hatte mir nie darüber Gedanken gemacht, dass wenn sie ihr Baby stillt, sie es mit den Drogen versorgt, die sie tagsüber nimmt. So winzig, so schön.

Es war verrückt, ich dachte, ich könnte nicht weitermachen, weil es auf mich total deprimierend wirkte.

Aber das war noch längst nicht alles. Wir sind durch den Park zum Karlsplatz gelaufen, wo wir auch als Kinder gespielt haben. Im Moment sah es dort aus wie auf dem Wenzelsplatz, nur ein bisschen weiter. Überall saßen Gruppen von Menschen auf Bänken und überall Fixerbesteck. Ich ging durch die Büsche, in die mich Pepa geschickt hatte, und sammelte vielleicht dreißig davon ein. Sind Ihnen jemals die kleinen Papierquadrate aufgefallen, auf die man manchmal tritt, wenn man im Park spazieren geht? Das ist ein sicheres Zeichen dafür, dass es in der Gegend Junkies gibt. Bevor mir Pepa diesen einfachen Hinweis gegeben hat, habe ich nie bemerkt, dass da irgendwelche Quadrate auf dem Boden liegen. Es hat anderthalb Stunden gedauert, um alle Spritzen auf dem Karlák aufzusammeln. Es waren so viele Leute dort. Jeder hatte einen Code, und bei jedem wurde Buch darüber geführt, wie viele gebrauchte Nadeln er abgab, die dann in den Bioabfallbehälter kamen. Die Anzahl der gebrauchten war gleich der Anzahl der neuen. Eine für eine, wie es sich gehört. Den Junkies wurde beigebracht, die Nadeln nicht auf den Boden oder in die Tonne zu werfen, sondern sie zur Entsorgung abzugeben.

Streetworking funktionierte damals in Prag, die Organisationen Drop-in und Sananim hatten mehrere Streetworker auf der Straße, aber kaum jemand ging in die Roma-Gemeinden. Die Roma wechselten ihre Spritzen auf dem Václavák und auf dem Karlák, aber es gab keinerlei Kommunikation mit ihnen. Es war eine geschlossene Gemeinschaft, und niemand ging jemals in die Wohnungen, in denen man Drogen aufkochte und konsumierte. Deshalb wollte HOST mich einstellen. Man erwartete, dass ein spezielles Roma-Projekt den Streetworkern Türen öffnen würde, die ihnen bisher verschlossen waren. Und genau das habe ich vom ersten Tag an getan. Ich kannte einige der „Klienten" vom Sehen in Žižkov, einige kannte ich aus der Schule, aber das Wichtigste war, dass ich ihre Sprache sprach. Ich konnte fast überall die Romani-Variante von Žižkov sprechen, und fast überall öffnete mir die Sprache Türen. Sobald die Roma verstanden hatten, dass ich kein „Gadžo von der Organisation der Konfidenten" war, sprachen sie mit mir ganz normal und über alles. Einige von ihnen erfuhren zum ersten Mal, dass die Streetworker kein verlängerter Arm der Polizei waren, sondern ein Dienst, der Drogenabhängige vor Krankheiten schützen wollte, und noch mehr diejenigen, die keine Drogen nahmen. Es war das Jahr 1998, alles war neu. Niemand hatte damals eine Vorstellung von den Kosten der Behandlung all der Süchtigen, die Hepatitis, Salmonellen, HIV und etwa eine Million anderer Krankheiten hatten. Ein Drogenabhängiger sagen einem beim Gelegenheitssex (z. B. in einem Schwulenclub gegen Geld) nicht, dass er AIDS hat, und natürlich benutzt er kein Kondom. Der Drogenabhängige leiht einem Menschen, der zum ersten Mal Drogen nimmt, in der Disko zum Spaß gerne seine Nadel. Denn dem Drogenabhängigen ist das egal. Er lebt in seinem Kreislauf aus Drogenbeschaffung und Leben unter Drogeneinfluss, und was passiert, passiert eben.

Die nächste Station war am Václavák, im Park hinter dem Museum. Wenn ich am Karlák schon viele Leute gesehen habe, dann war es hier wie eine Durchgangsstation. Wir setzten uns auf eine Bank und warteten. Alle fünf Minuten kam ein Junkie bei uns vorbei, um seine Spritze zu wechseln. Es war total verrückt, ich hätte nie geglaubt, dass so viele Leute Drogen nahmen. Junge, alte, Frauen, Männer, Rumänen, Ukrainer, Tschechen, Slowaken, Roma... Dutzende von Leuten mit Dutzenden von verschiedenen Geschichten, die nur zum Nadelwechseln kamen und dann wieder ihren eigenen Weg gingen.

Nach Dutzenden von Leuten kam einer, der mir bekannt vorkam, und als er erwähnte, dass er Viktor heißt, war ich im Bilde. Das war ein Junge, mit dem ich in den Kindergarten gegangen war. Viktor, der brave kleine Junge, der auf seine Lehrer hörte und nie Widerworte gab. Plötzlich stand er neben mir und warf gebrauchte Nadeln in den Müllcontainer. Später arrangierte ich eigens für ihn eine Behandlung bei Spezialisten, aber er schaffte es nicht, dann versuchte er es wieder und scheiterte nochmal, und dann sah ich ihn nie wieder.

Und das war erst der erste Tag. Nach diesem einem Tag hatte ich es satt, mit Süchtigen zu arbeiten, denn ich hatte mir den Mund fusselig geredet, war verwirrt darüber, wo wir schon überall waren und wo nicht, und Depressionen wegen eines Freundes, den ich mein ganzes Leben lang gekannt hatte. Und dann tauchte Iveta auf. Die Iveta, mit der ich so gut befreundet war und die ich, glaube ich, mal viel besser gekannt hatte als meine eigene Schwester. Die Iveta, die so schön sang und tanzte, und wenn ihr jemand auf die Nerven ging, verprügelte sie ihn einfach. Sie stand vor mir, sah zwanzig Jahre älter aus und wechselte die Spritzen. Ich brachte einfach kein Wort heraus. Diese Frau hatte nichts gemein mit der Frau von früher. Und obwohl sie nur ein Jahr älter war als ich, sah sie jetzt aus wie eine verlebte alte Frau und erkannte mich überhaupt nicht wieder. Ich habe an diesem Tag nichts zu ihr gesagt, ich habe ihr nur die Nadeln gewechselt, ihr Wasser und Desinfektionsmittel gegeben, und dann war schon der nächste dran. Aber ich habe noch einige Wochen gebraucht, um den Schock zu überwinden.

Niemand in meiner Familie hatte je Drogen genommen, ich hatte keine Erfahrung damit, wie sich jemand, der mir so nahe stand, verändern konnte. Es so aus der Nähe zu sehen, tat weh. Umso mehr, weil ich absolut nichts dagegen tun konnte. Ich mochte Iveta wirklich sehr, sie war einer der wenigen Menschen, die mir immer noch am Herzen lagen. Aber ich erkannte diese Iveta nicht, und sie erkannte mich zum Glück auch nicht. Ich hatte sie fünf Jahre lang nicht mehr gesehen, und in den fünf Jahren passierte sowas. Und dieses Erlebnis veranlasste mich, in den nächsten Jahren alles zu tun, um wenigstens ein paar Einzelnen da rauszuhelfen, und Jahre später, als ich ab und zu als Projektleiter ausschwärmte, um nicht aus der Übung zu kommen, suchte ich immer nach Iveta. Die meiste Zeit war sie aber hinter Gittern. So war einfach die Zeit. Eine Scheißzeit.

ACHTUNDZWANZIG

Im Jahr 1998 spielte sich das Leben auf der Straße ab. Damals war Subutex (ein Meth-Ersatzstoff) noch nicht erhältlich, also wurde alles, was verkauft werden konnte, rund um den Václavák gehandelt. Ich habe nie verstanden, wie diese User so leben konnten. Die Junkies beschäftigten sich den ganzen Tag mit Klauen, kaufen, verkaufen, wurden high und dann war ein paar Stunden lang Ruhe. Ich konnte mir nicht vorstellen, so zu leben. Der Lohn der Streetworker war nicht viel, naja, es war fast schon ein Ehrenamt, aber immer noch besser als das hier. Außerdem haben wir immer noch Puppen gebastelt und meine Freundin hatte einen Job als Zimmermädchen, wir kamen also über die Runden. Ich bin dann doch nicht auf die Evangelische Akademie gegangen, es fehlte einfach an Zeit und Geld. Ich konnte nicht gleichzeitig arbeiten und zur Schule gehen. Und heute bin ich eigentlich froh, denn ich konnte später mein Abi an der IT-Schule machen. Dort konnte ich die Erfahrungen, die ich mit dem Computer gesammelt hatte, an den Mann bringen.

Schlimmer war es mit der Unterkunft. Der Winter kam und das Wasser in den Gartenkolonien wurde abgestellt. So waren wir auf die öffentliche Pumpe angewiesen, die etwa einen halben Kilometer von der Hütte entfernt war. Im Garten türmte sich der Schnee, und drinnen war es eiskalt. Die einzige Heizquelle war ein Elektroofen, aber der Verbrauch war sehr hoch, und wir froren trotzdem. Sich in der kalten Küche mit Wasser aus einem Fass zu waschen, das wir auf dem Herd erhitzten, war das größte Übel. Glücklicherweise stellte uns unser Freund Honza Černý zwei Hundert-Liter-Fässer mit Deckeln zur Verfügung, die in eine Schubkarre passten, so dass das Wasser leicht transportiert werden konnte. Ansonsten war es ein Spiel des Willens. Entweder wir schafften es oder wir schafften es nicht. Das Winter war, war auf der Straße leicht zu erkennen. Es gab weniger Touristen und weniger Klienten. Selbst die User überlegten, wie und wo sie sich in Ruhe einen Schuss setzen konnten, ohne zu erfrieren. Ich erinnerte mich gut an den Fall eines meiner Klassenkameraden, der im Jahr zuvor auf dem Dachboden eines Wohnhauses in Žižkov erfroren war, wo er Schutz vor der Kälte gesucht hatte. Leider war er so drauf, dass dies seine letzte Station gewesen war.

Die Orte, an denen ich unterwegs war, waren immer dieselben. Ob nun Winter war oder nicht. Die Straßenbahnstationen Bertramka, Karlák, Žofín, Národní třída und Václavák. Später am Abend Žižkov, wohin ich mehr oder weniger gezielt hinging, um bestimmte Leute zu treffen. An der Straßenbahnhaltestelle wurde Heroin vertickt, es ging zu wie auf dem Markt, immer war ein Haufen Oláh-Roma da, die so unverhohlen verkauften, dass es niemandem entgehen konnte. Ich verstehe bis heute nicht, wie sie das machen konnten, ohne von der Polizei erwischt zu werden. Die lokalen Dealer waren so dreist, dass ich mir vorstellte, dass sie eines Tages dort einen Stand eröffnen würden mit einem Schild, auf dem „Drogen aller Art, billig“ stand. Man kam mit der Straßenbahn, kaufte ein, tauschte bei uns die Nadel und fuhr mit der nächsten Straßenbahn wieder hinunter. Das Ganze dauerte etwa fünf Minuten.

Ich war bei Junkies und Dealern bekannt. Ich musste kaum noch etwas erklären, und die Leute dort hielten mich für einen natürlichen Teil des Marktes. Also boten sie mir auch ständig Dinge an. Sie hätten gern einen LCD-Monitor, der damals eine völlig unerschwingliche Neuheit war? Kein Problem. Ein Junkie bot mir zwanzig Stück auf einmal an.

Schuhe, Kleidung... alle Marken, Elektronik, Autoradios, Handys (und das war eine super unerschwingliche Neuheit!). Das alles konnte man für ein Butterbrot kaufen, wenn man wusste, wo. Das ging aber echt gar nicht. Für unsere Leute war das ein totales No Go. Wenn du etwas gekauft hättest, wärst du erledigt. Ein erpressbarer Bestandteil des Karussells. Also habe ich den Versuchungen widerstanden, auch wenn es manchmal wirklich schwierig war. Paradoxerweise wurden einige der gestohlenen Waren von der Polizei gekauft, und jeder wusste es. Man konnte einen Polizisten in Zivil schon von weitem erkennen. Sie verhielten sich alle gleich, und ihre einzige Sorge war, dass niemand davon erfährt. Sobald jemand das Gesicht verhüllt trug und Funkgeräte in großen Mengen kaufte, konnte man sich absolut sicher sein, dass es ein Polizist war.

Der Unterschied zwischen einem Gadžo-Junkie und einem Roma-Junkie bestand vor allem darin, dass der Gadžo-Junkie in der Lage war, seine Situation und die Lösung seiner Probleme einzuschätzen. Auf der Straße war es leicht zu erkennen, wer der Sohn eines Arztes und wer der Sohn eines Arbeiters war. Es gab bereits Entgiftungsprogramme und Nachsorge, aber nur wenige waren bereit, darüber zu sprechen, was danach passieren sollte. Der Unterschied bestand also nur darin, wer über welche Informationen verfügte. Für die Roma war jede Art von Behandlung ein Fremdwort. Nur wenige wollten zugeben, dass sie ein Problem hatten, selbst wenn sie den ganzen Tag damit verbrachten, sich Geld für Drogen zu beschaffen. Und selbst hier gab es ein Kastensystem. Die Sexarbeiter, egal ob Männer oder Frauen, hatten einen anderen Status als Diebe, und diejenigen, die arbeiten konnten, hatten nochmal einen anderen Status. Man könnte meinen – und die meisten Menschen würden das auch behaupten –, dass es bei Süchtigen keine sozialen Unterschiede gibt, aber das stimmt nicht. Ich habe in meinem Leben einige Edeljunkies kennengelernt, aber die sind Heroin und Crystal Meth aus dem Weg gegangen.

Das war eine Liga von Leuten, die Mercedes fuhren, mit dem Handy telefonierten und Koks nahmen. Echtes, unverfälschtes Kokain. Statt Nadeln gab es Koks. Die Erfahreneren schmierten es sich in den Enddarm, weil es schnell wirkte und niemand es merken konnte.

Meistens gelang es mir, mich von den Junkies fernzuhalten, obwohl ich viele von ihnen persönlich kannte und einige von ihnen, wie Iveta, wirklich mochte. Pepa nannte es „die Einstellung eines Profis", ich nannte es „Selbstvertrauen". Aber manchmal schneidet sich auch ein Schreinermeister in den Finger. In meinem Fall war ich blind. Ich hatte etwas mit einer Junkiefrau angefangen und war absolut ahnungslos, obwohl ich mich auskennen sollte. Meine Liebesaffäre mit der Tochter einer inzwischen sehr prominenten Politikerin dauerte nur ein paar Wochen und endete in dem Moment, als ich sie in Begleitung eines mir bekannten Dealer traf und von ihm erfuhr ich schließlich, wie es um meine Geliebte stand. Sie war das, was man eine „prominenten Junkie" nannte, und ich verstehe bis heute nicht, wie es möglich war, dass ich nichts bemerkt habe. Sicher, sie war wunderschön, stammte aus einer guten Familie und brachte alle Hormone in meinem jugendlichen Körper durcheinander, aber das war die sechs Monate nicht wert, die es dauerte, bis die Ärzte mir bestätigten, dass ich negativ auf alle möglichen Krankheiten reagierte.

Außerdem musste ich zu Hause so tun, als ob nichts wäre. Es war mehr oder weniger mein Verdienst, dass meine damalige feste Beziehung ohnehin den Bach runtergegangen war, und ich wusste, dass meine damalige Partnerin „glückliche Momente" mit anderen Männern erlebte. Es war nur eine Frage der Zeit, bis wir uns trennten, weil wir zu jung und zu unerfahren für die herausfordernde Situation waren. Meine Vorstellung, dass wir zusammen alt werden und einen Haufen Kinder haben würden, lief ziemlich schnell den Bach runter und da habe ich noch ein bisschen nachgeholfen. Nicht so sehr mit meinen Affären, denn ich glaube nicht, dass meine Partnerin jemals davon wusste, sondern eher mit den Partys mit Freunden und den vielen anderen Situationen, die ich verbockt habe. Sie ging damit auf ihre Weise um, und ich auf meine. Aber meistens wählte ich die einfachen Lösungen, die die Krise nur noch verschlimmerten. Und wenn es am schlimmsten wurde, flüchtete ich zu Lucie. Eine meiner ehemaligen Klassenkameradinnen, mit der ich damals eine Liebesbeziehung begann, die weitere fünfzehn Jahre andauern sollte.

NEUNUNDZWANZIG

Die Agonie unserer Beziehung dauerte bis Mai 1999. Ich war siebzehn und hatte meine erste große Trennung hinter mir. Meine „Prinzessin" war an dem Punkt angelangt, an dem die Kerle sie direkt vor der Hütte abholten, und es machte wirklich keinen Sinn mehr, weiterzumachen. Ein paar Wochen lang drehte ich völlig durch und in einem Zustand völliger Depression unternahm ich einen Selbstmordversuch. Eigentlich weiß ich nicht einmal, was mich genau dazu getrieben hat. Ob es das Wissen war, dass ich allein sein würde, oder das Wissen, dass ich absolut keine Perspektiven im Leben hatte. Ein Mechaniker, der als Streetworker für ein paar müde Mäuse arbeitete und nicht einmal eine richtige Bleibe hatte. Einfach ein beschissenes Leben. Außerdem konnte ich mit niemandem darüber reden. Meine Schwester sah ich praktisch nicht; meine Brüder kämpften selbst um einen Ort, an dem sie wohnen konnten. Zu meinen Eltern fuhr ich fast nie. Ich rief meine Mama oft an, aber ich glaube, sie hatte mehr Sorgen, als sie bewältigen konnte. Papa war arbeitslos, Mama krank. Es wäre zu viel gewesen, sie mit meinen Problemen zu belasten. Das Einzige, woran ich mich aus dieser Zeit erinnere, ist der Moment, als sie mir im Karlák die Venen wieder zusammennähten und der Arzt von einer obligatorischen psychiatrischen Untersuchung sprach. Dazu kam es Gott sei Dank nicht, da ich nicht zugegeben hatte, was geschehen war. Ich behauptete, mich an der Säge verletzt zu haben. Ich denke, der Arzt wusste, was geschehen war, er wollte mich bloß vor der Hospitalisation in die Klapse bewahren.

Mir war sofort klar, dass das alles für die Katz gewesen ist, aber ich hatte immer noch keine Klarheit darüber, was ich als Nächstes tun oder nicht tun wollte. Paradoxerweise haben mir die Junkies geholfen. Sie waren in etwa in der gleichen Lage wie ich. Keine Perspektive, keine Wohnung, kein Geld, plus eine sehr ungewisse Zukunft. Das Einzige, was sicher war, dass wir alleine zurückblieben – ich und meine geliebte Hündin.

Glücklicherweise bot mir meine damals bereits damalige „Schwiegermutter" Lenka ihre Hilfe an, denn ich glaube sie war nicht besonders glücklich über unsere Trennung. Sie hatte eine Reise nach Jugoslawien geplant, wo sich Serben, Kosovo-Albaner und die NATO seit Februar 1998 gegenseitig beschossen. Wir waren schon früher zusammen im Ausland gewesen. Vor ein paar Monaten waren wir in Bulgarien, wo wir durch Roma-Siedlungen reisten und lokale Roma filmten, die Märchengeschichten erzählten. Ich habe schon die Erfahrung gemacht, dass Lenka plötzlich woanders hinging und ich allein in die Tschechische Republik zurückkehrte. Aber der Krieg – das war ein anderes Kaliber. Ich war siebzehn und hatte wirklich keine Ahnung, was mich in Jugoslawien erwartete. Aber die Chance auf ein besseres Leben hat gesiegt. Zum Glück.

Ich ahnte, dass ich eine Zeit lang in Jugoslawien bleiben und dann weiter in die Welt aufbrechen konnte. Aber ich hatte hier einen Job und es gab niemanden, der mich so schnell ersetzen konnte. Glücklicherweise war mein damaliger Leiter ein Abenteurer und die Vorstellung, dass ich in Kriegsgebieten herumlaufen würde, begeisterte ihn. Am Montag sagte ich also zu und am Mittwoch verließ ich den Prager Hauptbahnhof mit einem Minibus in Richtung Belgrad-Hauptbahnhof. Ich habe nie jemandem erzählt, was mir damals wirklich durch den Kopf ging. Ich fuhr nach Jugoslawien mit zwei Szenarien, wie es ausgehen könnte: Entweder ich komme da raus und gehe in die Vereinigten Staaten und spiele für den Rest meines Lebens Jazz, oder irgendwo fällt eine Bombe auf mich runter und ich habe meinen Frieden. Die Aussichten in der Tschechischen Republik sind gleich null, warum also nicht einen Versuch wagen? Beides wäre für mich damals eigentlich in Ordnung gewesen. Weder meine Mutter noch meine Geschwister wussten etwas. Nur mein Freund Míra, der mich zum Minibus begleitete, wusste Bescheid.

Wir kamen am 30. Mai 1999 nachts um drei Uhr nach einer brenzlichen Situation an der Grenze in Belgrad an. Sie wollten mich nicht nach Serbien einreisen lassen, weil ich ein unbegleiteter Minderjähriger war und dort gleichzeitig ein Konflikt im Gange war. Glücklicherweise funktionierte die

Autodrom inmitten des Flüchtlingslagers Konik

Schauspielerei des Fahrers, der behauptete, mein Verwandter zu sein. Bis heute verstehe ich nicht, warum niemand es seltsam fand, dass ich kein Wort Serbisch sprach und nur mit dem Kopf nickte. Aber sie haben mich reingeschmuggelt. Das Abenteuer konnte beginnen.

Wie abgemacht sollte ich Lenka um acht Uhr morgens im Sputnik-Reisebüro treffen, das sich in der Nähe des Hauptbahnhofs befand. Wir sollten gemeinsam weiterreisen. Ich hatte hundert Mark in der Tasche und in meinem Rucksack Kleidung und eine Zahnbürste. Es war zwar schon Frühsommer, aber um drei Uhr war es so kalt wie in einem russischen Film. Ruhig sitzen kam nicht in Frage, ich musste mich bewegen. So schlimm sah Belgrad gar nicht aus, die Nacht verbarg ganz gut die Verwüstung, die ich ein paar Wochen später sah, als ich tagsüber durch Belgrad lief und die unbeschreiblichen Spuren des Krieges beobachten konnte. Zerstörte Gebäude, Straßen, Brücken... es sah aus wie in einem Film aus dem Zweiten Weltkrieg. Die chinesische Botschaft oder das Gebäude des Verteidigungsministeriums, da gibt es nicht viel zu beschreiben. Für einen Typen aus Žižkov wie mich war es schockierend, und erst in diesem Moment wurde mir klar, worauf ich mich eigentlich eingelassen hatte. Ich war nur neunhundert Kilometer von Prag entfernt und hatte das Gefühl, in einer völlig anderen Welt gelandet zu sein, in der nichts von dem, was ich gewohnt war, galt.

Überall waren Soldaten. Hunderte von Soldaten, Polizisten, Straßensperren, Panzer, gepanzerte Fahrzeuge und Patrouillen mit schweren Waffen. Wo immer man sich hinbewegen wollte, waren Patrouillen. Ich konnte die Sprache nicht und hatte Angst, Englisch zu sprechen, das ich in der Schule von Beata Krusic gelernt hatte, weil die Gefahr bestand, abgeknallt zu werden. Erst später erfuhr ich, dass wir in Ungnade gefallen waren, weil der damalige Präsident Havel den NATO-Luftangriffen zugestimmt hatte. Also setzte ich mich auf meinen Rucksack und wartete am Sputnik-Reisebüro.

Flüchtlingslager Konik

Um acht Uhr morgens war Lenka noch nicht da und sie war auch um fünf Uhr nachmittags nicht da. Ich habe zwanzig Stunden auf sie gewartet und dann habe ich endlich kapiert, dass es keinen Sinn hatte, noch länger zu warten. Sie kam nicht und hinterließ nicht einmal eine Nachricht im Sputnik mit Anweisungen, wohin die Reise weitergehen sollte, wie es übrigens vereinbart war. Ich hatte also die Wahl. Entweder ich fahre weiter zum Konik-Flüchtlingslager nach Podgorica, wo wir ohnehin hinwollten, bevor wir in den Kosovo weiterfuhren, oder ich kehre um und fahre zurück nach Prag, wohin es weder Busse noch Züge gab, sondern nur Mikrobusse, und das auch nur nach persönlicher Absprache. Meine abenteuerlustige Seite siegte. Ich kaufte eine Fahrkarte und stieg in einen völlig überfüllten Bus in Richtung der montenegrinischen Hauptstadt ein.

Ich hatte etwa drei Stunden lang geschlafen, was schon eine sportliche Leistung war. Ich war so müde, dass ich nicht einmal die Fahrt durch Belgrad wahrgenommen hatte. Ich wurde von einer alten Dame geweckt, die sich fast auf meinen Schoß setzte, weil sie lesen wollte und das Licht nur auf meiner Hälfte des Sitzes funktionierte. Eine fröhliche Alte, die sich darüber amüsierte, dass ich kein Kyrillisch lesen konnte und keine Ahnung hatte, was in der Zeitung stand, mit der sie mir vor die Nase fuchtelte, als sie den richtigen Lichtstreifen suchte. Und als sie es leid war, sich auf meine Kosten zu amüsieren, begann sie, mir aus der Zeitung vorzulesen, damit die Fahrt schneller verging. Zum Glück ist Serbisch nicht so weit vom Tschechischen entfernt, so dass ich einige der Wörter verstehen und den Zusammenhang erschließen konnte. So bekam ich dort meine erste Lektion in Serbisch, und es war mein erstes längeres Gespräch mit einer anderen Person, seit ich Prag verlassen hatte. Und eine Zeit lang hatte ich das Gefühl, dass alles gar nicht so schlimm sein würde.

DREISSIG

Podgorica war eine ganz andere Liga. Obwohl der Flughafen den alliierten Luftangriffen zum Opfer gefallen war, war die Stadt ansonsten unversehrt, und militärische Einheiten waren nur an wenigen Stellen außerhalb des Stadtzentrums zu finden. Überall waren lokale Milizen zu sehen, aber es war immer noch akzeptabler als Belgrad, wo es wie in einem Kriegsgebiet aussah. Vom Bus aus konnte ich jedoch nichts anderes sehen als den Blumenschmuck um den örtlichen „Rundplatz", der mir immer im Gedächtnis bleiben wird, und wann immer das Wort Podgorica erwähnt wird, ist dies das Bild, das mir in den Sinn kommt.

Der Bus setzte mich an einer Stelle ab, wo eigentlich der Bahnhof sein sollte. Es ist schwer, einen Vergleich zu finden, aber es sah aus, als wäre ich am Viktoria Žižkov-Stadion abgesetzt worden. Die Oma, die mir Serbisch beigebracht hatte, setzte ihren Weg fort, und ich war wieder allein, diesmal fünfzehnhundert Kilometer von Prag entfernt.

Mein nächster Halt hieß Konik. Ich wusste nur, dass es ein Flüchtlingslager war, in das Roma aus dem Kosovo geflohen waren, und das von einem Mann namens Isen geleitet wurde. Weitere Informationen hatte ich nicht. Ich hoffte, Lenka dort zu treffen oder Informationen darüber, wo sie zu finden war. Jetzt war ich eine halbe Stunde in der Stadt und stand vor der Aufgabe, das Flüchtlingslager in Podgorica zu finden. Ich machte den entscheidenden Fehler und winkte das erste Taxi heran, das mich für zehn Mark an den Rand von etwas brachte, das an ein Indianerdorf erinnerte, welches die Stämme der Apachen, Navajo und Komanchen gleichzeitig beherbergte.

Erst später erfuhr ich, dass ich von Anfang an abgezogen wurde. Die zehn Mark für fünf Kilometer bedeuteten nach hiesigen Maßstäben etwa dreißig Liter Benzin, eine Stange Zigaretten und ein Zehntel der Miete für eine Dreizimmerwohnung. In Podgorica gab es nämlich zwei Arten von Taxifahrern. Einen offiziellen mit der Aufschrift „Taxi" und einen inoffiziellen. Das heißt jeder, der irgendwohin wollte und für zehn Dinar bereit war, eine Person praktisch überall hin mitzunehmen. Wenn man auf der Straße unterwegs war, blinkte jeder einen an, der bereit war, Taxifahrer zu spielen. Praktisch jedes zweite Auto.

Mit der Währung war es ähnlich. Der offizielle Wechselkurs der Mark zum Dinar war eins zu sechs, aber man konnte einfach keine Mark auf der Bank kaufen, und der Umtausch hatte einen beträchtlichen Nachteil, weil die Wechslertypen die Mark zu eins zu zwanzig und den Dollar zu eins zu dreißig umtauschten.

Aber am Rande des Flüchtlingslagers wusste ich von all dem nichts. Ich stand da mit offenem Mund und fragte mich, wie zum Teufel so etwas möglich war. Das Lager war eigentlich nur eine Schotterfläche, die allmählich in Schlamm überging. Dort waren mehrere hundert Zelte aufgerichtet, in denen zwanzigtausend Menschen untergebracht waren. Ich hatte das Gefühl, einige Jahrhunderte zurück gereist zu sein. Überall waren Roma zu sehen, wie in alten Filmen. Kleider, mit Münzen behangen, Tücher, haufenweise Kinder. Vor den Zelten gab es Öfen, auf denen Essen gekocht wurde, und halbkugelförmige Metallformen, in denen Pfannkuchen gebacken wurden. Überall standen Mülltonnen, soweit das Auge reichte. Sie quollen über vor Müll, aus dem kleine Zigeunerkinder herauskrochen, die in diesem für einen mitteleuropäischen zivilisierten Roma völlig unverständlichen Ort spielten.

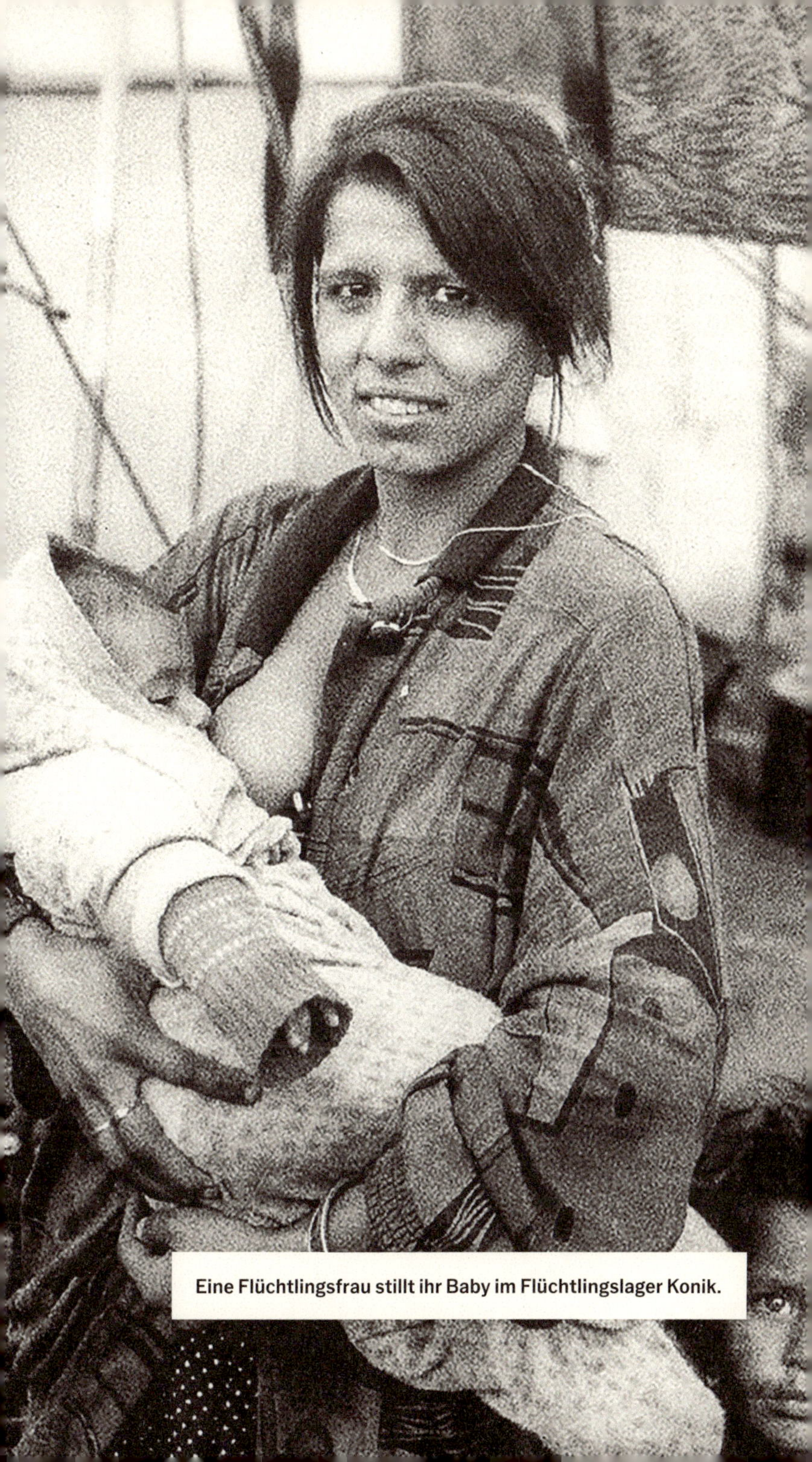

Eine Flüchtlingsfrau stillt ihr Baby im Flüchtlingslager Konik.

Und hier sollte ich nach Isen, dem örtlichen Romakönig, suchen. Zwischen den Zelten, dem Müll und den Tausenden von Menschen, die nichts zu essen hatten. Plötzlich legte sich eine Decke der totalen Depression über mich, denn immer wenn ich schimpfte, dass es mir schlecht ging und meine Eltern arm waren, war ich im Vergleich zu diesen Menschen eigentlich total reich. Kummer, Armut, Angst... das waren die Emotionen, die ich in allen Gesichtern um mich herum lesen konnte. Verrückte Situation, verfluchter Krieg. Das war nicht mehr schön, das brachte einen zum Weinen, auch wenn man erst siebzehn war. Jedes Kleidungsstück, das ich trug, konnte eine Familie zwei Tage lang ernähren.

Plötzlich kamen mir der ganze tschechische Rassismus und alle Situationen, die ich auf den Prager Polizeistationen erlebte, völlig unbedeutend vor. Plötzlich kam es mir vor, als würde ich ein Leben im Luxus führen, weil ich nie vor den

Kinder im Flüchtlingslager Konik

Soldaten fliehen und hier nicht leben musste. Das war ein ekelhafter Zusammenstoß mit der Realität der Dritten Welt, denn was ich sah, hatte nichts mit Europa zu tun.

Ich stieß auch auf eine Sprachbarriere. Fast alle Flüchtlinge stammten aus dem Kosovo, sodass ich kein Wort verstehen konnte.

Tatsächlich ist Albanisch bis heute eine absolut unverständliche Sprache für mich. Wenn ich den Namen Isen sagte, deutete jeder auf eine andere Richtung. Ich betete, dass Isen nicht ein Allerweltsname war wie Novák bei uns, denn so würde ich den Romakönig niemals finden. Gott sei Dank hörte ich aus einem der Zelte Romani und mir wurde klar, dass ich tatsächlich einen Teil der universellen Sprache kannte, die ich hier sprechen konnte. Und obwohl das Balkan-Romani ziemlich weit von unserem entfernt ist, kam ich so gut zurecht, dass ich eine Viertelstunde später an einen Ort kam, den selbst der Verrückteste in einem Flüchtlingslager nicht erwarten würde. In der Mitte des Lagers gab es ein riesiges Kettenkarussell und ein Autodrom. Ich musste mir die Augen reiben, um es zu glauben. Ein Karussell, Discomusik, und überall alte Männer, die sich kutschieren ließen. Es sah aus, wie im Freizeitpark „Fučíkarna". Daneben ein Café, das dem örtlichen Romakönig Isen Gash gehörte.

Außen sah es ganz anders aus als innen. Ich bin versucht zu schreiben: „Außen arm, innen reich". Die Menschen, die sich in dem Café aufhielten, waren definitiv keine Flüchtlinge. Sie waren einheimische Roma aus Montenegro. Isen Gash war ein kleiner, stämmiger Mann mit Schnauzbart, und man sah ihm an, dass er mit fester Hand regierte. Die Frau, die ich für eine Kellnerin hielt, weil sie mit einem Lappen durch das Café lief, war seine ukrainische Frau Svetlana. Ich habe nie verstanden, wie diese Frau in das Flüchtlingslager in Podgorica gekommen ist. Dann waren da noch Isens etwas vierzehnjähriger Sohn Arben und Gäste.

Kinder auf dem Schrottplatz in der Nähe des Flüchtlingslagers Konik

Bald brach mir der kalte Schweiß aus. Isen wusste rein gar nichts von Lenka. Er wusste nicht einmal, dass wir kommen würden. Er erinnerte sich zwar an einen Journalisten aus Tschechien, aber er wusste nichts von dem „arrangierten" Treffen. Plötzlich befand ich mich in einer verrückten Situation. Keine Spur von Lenka, keine Nachricht wo sie sein könnte, und ich stand in einem Flüchtlingslager vor einem Romakönig, der absolut nicht verstand, was ich dort zu suchen hatte. Alles Geld, das ich hatte, war für die Reise draufgegangen. Um das letzte Geld hatte mich der Taxifahrer gebracht. Meine Perspektive sank von Null in Prag auf Minus Neunzig in Podgorica. Per Anhalter nach Prag zu fahren, kam nicht in Frage. Überall waren Soldaten, und ich würde nirgendwo ungeschoren davonkommen. Im Lager zu wohnen schien auch nicht in Frage zu kommen, denn obwohl das Lager riesig war, würde ich kaum nach einem Zelt fragen können. Wenn ich in Prag wäre, würde ich sagen, ich bin im Arsch. Aber das hier war viel schlimmer.

Der König löste das Problem für mich. Er bot mir an, bei ihm zu Hause zu wohnen, bis Lenka auftauchte. Ein Angebot, das man nicht ablehnen konnte, weil es keine andere Alternative gab. Der vierzehnjährige Arben lud mich in einen älteren Opel Kadett, setzte sich überraschend und ohne zu zögern hinters Steuer und fuhr mich zum königlichen Palast. Für hiesige Verhältnisse war dies ein riesiges Haus im türkischen Stil, mit Bogenfenstern und Türmchen, wie man sie aus dem Werbematerial von Reisebüros kennt. Es fehlten nur noch die kräftige rote Farbe und die wilden Muster, und man hätte sich in der Türkei zu Beginn des Jahrhunderts gewähnt.

Isen war ein echter Muslim, ein eins a Muslim sogar. Er hatte also nicht nur eine Frau, sondern gleich mehrere. Dazu drei Söhne, eine Tochter und Schwiegertöchter. Man verstand recht schnell, warum er ein so großes Haus brauchte. Es lebten schätzungsweise fünfundzwanzig Personen darin. Die Dominante des Hauses war das Wohnzimmer mit einem unglaublich großen Fernseher, in dem die ganze Familie zusammensaß und eine argentinische Telenovela schaute. In Tschechien lief gerade Esmeralda, ich wusste also in etwa, was eine Seifenoper bei den Leuten anrichten kann, aber es war trotzdem unglaublich. Die ganze muslimische Familie saß mucksmäuschenstill da und schaute den Fernseher an wie ein Heiligenbild. Praktisch niemand bemerkte, dass ein Fremder das Haus betreten hatte und dort wohnen sollte.

Jeder hatte hier eine Rolle zu spielen. Der älteste Sohn fläzte auf der Couch und sah fern, die jüngeren Söhne halfen im Haus oder im Café. Die Frauen kochten, wuschen und putzten. Und über allen stand die älteste Frau, Bute, die auch über die Küche herrschte. Die jüngeren Söhne waren noch nicht verheiratet, dem älteren Sohn, der etwa achtzehn war, hatte man bereits eine Frau gekauft. Die wunderschöne Turkan, die etwa fünfundzwanzig Jahre alt war und für viele Jahre die schönste Frau war, die ich je in meinem Leben gesehen hatte. Im Haus wurde Albanisch gesprochen, so dass ich natürlich kein Wort verstand, aber Arben sprach Romani und übersetzte in einer Form, die sogar ich verstehen konnte. In der ersten Nacht schlief ich im Zimmer der Söhne, und niemand kann sich die Erleichterung vorstellen, mit der ich ins Bett fiel. Obwohl mich alle wie einen Irren ansahen, als ich mich vor dem Schlafengehen waschen wollte, leistete mir das Bett gute Dienste. Nach zwei Tagen und Nächten Unterwegssein konnte ich endlich ausschlafen.

EINUNDDREISSIG

Am nächsten Tag wachte ich nicht in der Hütte in Černošice auf, wie ich vor dem Einschlafen peinlicherweise gehofft hatte. Ich erwachte im Haus des Romakönigs, in dem ich gestern angekommen war und in dem ich von vier Uhr nachmittags bis neun Uhr morgens am nächsten Tag durchgeschlafen hatte. Der männliche Teil der Familie schlief, der weibliche Teil lief im Haus herum und bereitete das Mittagessen vor. Glücklicherweise sprach Bute Romani, so dass ich ihr erklären konnte, wer ich war und was ich machte, aber das meiste wusste sie schon von Isen. Ich bekam Frühstück und Kaffee. Und was für ein Kaffee das war... Ich bekam einen kleinen Becher von etwas, das nach Kaffee roch, das aber so stark war, dass ich nach dem Trinken dachte, ich könnte die tausend fünfhundert Kilometer nach Prag ruhig zurücklaufen. Ich war guten Kaffee nicht gewohnt, und meine erste Begegnung mit diesem göttlichen Getränk war der Hammer. Es endete natürlich auf der Toilette, unter dem schallenden Gelächter aller Bewohner des Hauses. Als ich ihnen jedoch zeigte, wie wir bei uns zu Hause Kaffee tranken, spuckten sie den „Türkischen“ so schnell aus, dass Bute die Verkostung abbrechen musste, weil ihr die Leute den Fußboden mit ihrer Spucke völlig verdreckten.

Sobald ich wieder zu mir kam, wies mir Bute ein Zimmer direkt gegenüber von Isens Schlafzimmer zu. Ein einfaches Zimmer mit einem Bett und einem Nachttisch, ein Schrank für meine Kleidung. Das war der gute Teil. Der weniger schöne Teil war der Bonus in Form einer Frau, die ich zu dem Zimmer dazu „bekam". Laut Isen sollte meine Auserwählte eine Albanerin sein, die in seinem Café arbeitete. Später erklärte ich ihm vergeblich, dass in Mitteleuropa die Dinge ein wenig anders liefen und dass Frauen nicht einfach hergegeben werden.

Ich verschob meine Sorgen um „die Frau" auf den Abend und ging schließlich mit Arben endlich das Lager besichtigen. Doch zuallererst gingen wir zu einem Stand, an dem ich zum ersten Mal in meinem Leben einen Börek probierte. Ein frittiertes Stück Blätterteig mit dem unnachahmlichen Geschmack von Lammhackfleisch. Wenn es etwas gab, das ich an Jugoslawien sofort liebte, dann war es dieses fettige Gericht, mit dem ich mich während meiner gesamten Balkanreise vollstopfte. In den folgenden zwanzig Jahren änderte sich daran nichts.

Das Lager war viel weitläufiger, als ich vermutete. Tags zuvor hatte ich nur einen Teil davon gesehen, aber das war höchstens ein Viertel der Realität. Zwei oder drei Kilometer Wald aus Lumpenzelten, der am Ende in einen Wald aus Hütten überging. Bis heute ist es mir ein Rätsel, nach welchem Schlüssel die Zuteilung der Unterkunft erfolgte. Tausende von Menschen in Zelten, Dutzende von Menschen in Hütten. An einem Ende des Lagers gab es mehrere Gebäude von gemeinnützigen Organisationen, in denen humanitäre Hilfe organisiert wurde. In der Praxis handelte es sich um Dosen mit Lebensmitteln, Brot und hier und da ein Kleidungsstück. Aber alles war knapp, was auf den ersten Blick ersichtlich war. Im Lager liefen halbnackte Kinder herum, die entweder in den Mülltonnen wühlten oder bettelten, weil sie hungrig waren. Zerstörung, Verzweiflung, Unsicherheit, Dreck, Gestank... Ich sah alles um mich herum und hatte keine Ahnung, was ich dagegen tun konnte. Es waren so viele Menschen, und sie waren alle Roma, Menschen wie ich. Aber ich konnte zurück nach Tschechien gehen, wo es keinen Krieg gab. Ich könnte ein in ihren Augen luxuriöses Leben führen, in einer beliebigen Wohnung und mit einer Arbeit, die zumindest mein Überleben sichern würde. Diese Menschen hatten nichts. Es waren „Izbeglice", Flüchtlinge, mit Gewohnheiten wie im Mittelalter.

Ich war erst einen Tag dort und schon völlig verzweifelt. Diese Menschen waren in einem fremden Land, sie konnten nicht nach Hause zurück, weil die Serben sie dort erschießen würden. Sie kannten die Sprache nicht, hatten keinerlei soziale Gewohnheiten. Sie hatten keine Chance, sich in die lokale Gesellschaft zu integrieren, eine Arbeit zu finden und ein normales Leben zu führen. Wenn ich das mit dem größten Degeš verglich, den ich kannte, ging es dem Degeš immer noch unvergleichlich besser als den Menschen hier. Es gab drei Toiletten- und Duschanlagen für das ganze Lager, und die sanitären Anlagen waren unter jedem Niveau. Und an meinem ersten Tag dort machte ich ein Foto von einer Frau, die ein Baby in der größten Sauerei stillte, die ich je in meinem Leben gesehen hatte. Der Autowrackplatz im Hintergrund gab dem Bild noch den Rest.

Das alles wäre noch nicht das Schlimmste gewesen, wenn es nicht so viele Kinder gäbe. Sonst könnte man denken: „Seid froh, dass ihr lebt und dass hier niemand auf euch schießt", aber mit den Kindern war es eine ganz andere Dimension. Man musste darüber nachdenken, wie man diese Kinder ernähren und einkleiden konnte, damit sie nicht an Hunger und Kälte, die zwangsläufig einmal kommen würden, starben.

Ich sah das Paradox des Lebens, als Arben und ich nach Podgorica fuhren. Nur einen Kilometer außerhalb von Konik begann eine völlig andere Welt, in der Hunderte von Schiebern alle möglichen Waren verkauften, die wegen des Embargos nicht eingeführt werden durften. Und direkt neben den Verkäufern standen die Wechslertypen. Dutzende, ja Hunderte von „Devisenhändlern" mit Bündeln von Dinaren in der Hand, die die einheimische Währung gegen deutsche

Mark und amerikanische Dollar tauschten. Eine Mark für zwanzig, ein Dollar für dreißig. Wer Geld hatte, war in Montenegro König. Auf dem Markt konnte man italienische Schuhe, Kleidung aller Art, Elektronik und Zigaretten kaufen. Man kaufte sie nicht an den Kiosken. Es gab Dutzende von „Geschäftsleuten", die mit einem Bauchladen voll von Zigaretten durch die Stadt liefen. Diese verkauften sie direkt auf der Straße. Die lokalen Marken für eine halbe Mark, die luxuriösesten Dunhills oder Davidoff für eine Mark.

Der Höhepunkt waren die örtlichen „Tankstellen". Diese bestanden aus geparkten „Zastava"-Autos oder Schigulis, auf denen Plastikkanister standen, die die „Tankstellen-Mitarbeiter" direkt in die Tanks schütteten. Dreißig Pfennig pro Liter, wer würde nicht kaufen. Das waren etwa fünf Kronen.

Trotz des Kriegszustands und des Embargos für die Einfuhr aller Waren ging das Leben in der Stadt normal weiter. Es gab öffentliche Verkehrsmittel, die kein normaler Einwohner Podgoricas benutzte, weil er das örtliche inoffizielle Taxi nahm, Restaurants, Postämter, Lebensmittelgeschäfte, Moscheen und orthodoxe Kirchen, alles funktionierte, als gäbe es keinen Krieg im Land. Jeden Tag um vier Uhr hielten die Einheimischen an, parkten ihre Autos und gingen auf den Platz, um sich zu unterhalten. Der schönste lokale Brauch. Und Cafés. Ich habe in ganz Jugoslawien unglaublich viele Cafés gesehen, in denen die Montenegriner Kaffee tranken und unglaublich viele Zigaretten rauchten, die sie nicht einmal in der Bank, auf der Post oder im örtlichen Parlament, das ich schließlich auch einmal besuchte, aus der Hand gaben. Fünf Kilometer vom Zentrum entfernt befand man sich wieder in einem totalen Kriegsgebiet, in dem zwei Zigaretten Nahrung für den ganzen Tag bedeuteten, Gelbsucht grassierte und Kinder aus Mülltonnen krabbelten.

Ich muss gestehen, dass ich die Lebensweise der Flüchtlinge manchmal überhaupt nicht verstand. Wenn man vor einem Krieg aus einem Land flieht, ist man wahrscheinlich nicht auf alles vorbereitet, und es ist schwer, in einem fremden Land sofort Arbeit zu finden. Aber diese Menschen waren schon seit Wochen, Monaten in dem Lager. Und sie saßen immer noch vor den Zelten und warteten darauf, wer ihnen was geben würde. In mir begann es zu brodeln. Ich war schon damals ein Pragmatiker, und ich bin davon überzeugt, dass ich, wenn ich in einer ähnlichen Situation wäre, mir als Erstes ein Wörterbuch zulegen würde. Als Zweites würde ich mich nach einem lokalen Unternehmen umsehen, das mir irgendeinen Job für Geld geben würde, und ich würde meinen eigenen Lebensunterhalt verdienen. Aber das hier waren Roma aus dem Kosovo. Ich hatte damals überhaupt keine Ahnung, wie sehr sie es gewohnt waren, ihr Dasein zu fristen. Und sie lebten wirklich so dahin. Aber wie sollte die Zukunft der Kinder aus dem Lager werden? Und war es sinnvoller, die Menschen zu drängen, etwas zu unternehmen, oder ihnen nur Essen zu geben und sie in Zelten zu halten?

Die erste wirklich unangenehme Situation ergab sich am Abend mit meiner zugewiesenen „Frau“, die immer noch nicht kapierte, dass ich sie nicht im Zimmer haben wollte. Als ich abends ins Bett ging, zog sie sich einfach nackt aus und legte sich direkt neben mich und versuchte mich anzumachen. Das wäre vielleicht auch für einen einheimischen Muslim zu viel gewesen, geschweige denn für eine Roma aus Prag. Nicht, dass sie es nicht wert gewesen wäre. Aber etwas mit einer einheimischen Frau anfangen? Auf gar keinen Fall. Ich sah schon vor mir, wie mir die Hochzeit ausgerichtet wurde, mit der ersten, zweiten, dritten und fünften Frau. Ich würde zwanzig Kinder haben und fünf Jobs, um sie alle zu ernähren. Ich glaube, das größte Problem war, dass die Frau einfach kein Wort von dem verstand, was ich sagte, und daher auch nicht mein wütendes Gestikulieren in Richtung Tür verstand. Ich musste sie hinauswerfen, buchstäblich mit Gewalt. Aber sie war nicht nachtragend, schlich sich, während ich schlief, zurück ins Zimmer und nahm meine Jeans und meinen Gürtel mit. Wahrscheinlich als Souvenir. Nur dass ich keinen anderen Gürtel dabeihatte und meine Ersatzhosen immer wieder herunterrutschten.

Es war ein Start in eine völlig andere Welt als die unsere. Integration in die Gesellschaft der Roma-Muslime, der orthodoxen Montenegriner und Serben.

ZWEIUNDDREISSIG

Am 11. Juni 1999 endete der Krieg. Der Kosovo kam unter UN-Verwaltung und das Schießen wurde eingestellt. Die enorme humanitäre Katastrophe, die der Konflikt mit sich brachte, zeigte umso deutlicher. Die meisten Menschen konnten nirgendwo hin, und die Vorstellung, dass die Flüchtlinge ihre Sachen packen und über den Winter nach Hause zurückkehren würden, war reine Science-Fiction. Im Lager hatte sich nichts geändert. Tausende von Menschen lebten immer noch in Zelten und waren auf die Hilfe von humanitären Organisationen angewiesen.

Vierzehn Tage nach meiner Ankunft tauchte Lenka auf. Ich wusste nicht, ob ich um den Hals fallen oder sie auf der Stelle umbringen sollte. Sie wurde im Kosovo aufgehalten und hatte einfach darauf vertraut, dass ich auf mich selbst aufpassen würde. Sie schleppte mich durch so ziemlich jede lokale Organisation, um mich mit Leuten bekannt zu machen, die mir einen Job geben konnten, damit ich mich vor Ort nützlich machen konnte. Sie gab mir etwas Geld, damit ich ins Internet gehen und normal arbeiten konnte. Von einem Tag auf den anderen begannen wir, an dem Projekt der Organisation „Balkan Sunflowers" zu arbeiten, das sich auf die psychosoziale Unterstützung von Flüchtlingen konzentrierte. Ich hatte keine Ahnung, was psychosoziale Unterstützung war oder was die Organisation machte, und das Einzige, was ich über die tschechische Vertretung wusste, war, dass dort die sehr hübsche Adéla Kubíčková saß. Schnell, kämpferisch, wortgewandt, manchmal ein bisschen schräg. Wie ich nur in weiblich, und nur ein paar Jahre älter.

Es war mir egal, worum es bei dem Projekt ging. Vom ersten Moment an war mir klar, dass wir Kleidung, Windeln, Essen und alles, was den Kindern helfen würde, nicht im Müll zu wühlen, benötigten. Zu dem Projekt gehörte aber auch die Überwachung der Vorgänge im Lager. Ich musste mehrere Wochen damit verbringen, das Leben der Flüchtlinge zu beschreiben, um das umzusetzen, was ich im Gegensatz zur psychosozialen Unterstützung für wichtig hielt. So schnell wie möglich alles herschaffen, was den Einheimischen hier helfen würde.

Nach fünf Tagen fuhr Lenka fort und ich war wieder allein, bei Isen. Er war immer noch sehr gut zu mir und ich fühlte mich überhaupt nicht wie eine Last. Trotzdem wollte ich irgendwohin, wo ich meine Privatsphäre hatte und wohin ich mich zurückziehen und in Ruhe arbeiten konnte. In einem Haus mit fünfundzwanzig Personen war das unmöglich. Ich war Isen dankbar, dass er mich bei sich wohnen ließ, schmiedete aber Pläne, um von dort wegzukommen, wo ich für mich sein konnte. Inzwischen hatte ich einen Immobilienmakler, Saša Dedeić, kennen gelernt, den Isen mir empfohlen hatte, um eine Wohnung zu finden. Ohne es an die große Glocke zu hängen, fing ich an, abends für ihn zu arbeiten. Dazu gehörte auch, sein Auto zu fahren, seinen Computer zu bedienen und die Post auszutragen. Keine Mails, schön handgeschriebene Nachrichten, die im Auto billiger zu transportieren waren als sie per Post zu schicken. Ich war so was wie eine bessere Sekretärin mit einem tschechischen Pass. Saša bezahlte mich für lokale Verhältnisse relativ anständig und in bar. So konnte ich es mir leisten, mich selbst zu ernähren und mich aus der Abhängigkeit von Isen zu lösen.

Saša war ein Immobiliengenie. Er fand Wohnungen und vermietete sie für horrende Summen an humanitäre Organisa-

Von Spaziergängen in Podgorica

tionen aus den USA und Westeuropa. Nach ein paar Tagen erhielt ich die Nachricht, dass ich Verstärkung bekommen würde. Ein Mann von „Balkan Sunflowers“ kam, um den Flüchtlingen, die nichts zu essen hatten, psychosoziale Hilfe zu leisten. Eine Idee, die eines Genies würdig ist. Ich hatte einen bebrillten Intellektuellen erwartet, der bei dem Wort „Fuck“ erröten und so tun würde, als wäre er gar nicht da. Oder einen Psychologen, der alles sezieren würde. Ich erwartete einfach ein Arschloch, auf das ich nicht im Geringsten neugierig war.

Aber alles kam anders. Aus dem Zug stieg Dodo Murín. Ein Theologiestudent, vier Jahre älter als ich, der mir erst um den Hals fiel, weil er die Schnauze voll hatte vom Reisen und endlich angekommen war, und dann fragte, wo man Bier und Mädchen fände. Ein Osteuropäer aus Košice, dem ich verdanke, dass ich weiß, was eine „Bazmek-Stadt“ ist. Auch er hatte keinen blassen Schimmer, wie man psychosoziale Hilfe leisten kann, aber schon beim ersten Bier und der Beschreibung, wie es im Lager zugeht, waren wir uns einig, dass wir etwas ganz anderes, etwas Greifbares machen müssen.

Plötzlich war ich nicht mehr allein. Vom Serbischen wechselte ich nahtlos ins Slowakische, das Dodo und ich als unsere private „Amtssprache“ einführten. Es kam mir sehr gelegen, dass ich zu diesem Zeitpunkt schon einige Wochen in Podgorica war, denn so hatte ich mir die Grundlagen der Sprache angeeignet und wusste, wo sich alles befand. Plötzlich war also noch ein „Migrant“ im Haus bei Isen, und die Familie machte uns deutlich, dass das zu viel für sie war. Ich habe sie wirklich verstanden. Sie waren sehr entgegenkommend und ließen mich dort wohnen, aber meine Freunde dorthin zu bringen, kam nicht mehr in Frage. Es war klar, dass wir ausziehen mussten, und da Dodo Geld von Adéla mitbrachte, mieteten wir eine Wohnung in der Peka Pavlovića Straße 21. Unsere neue Adresse.

DREIUNDDREISSIG

Plötzlich befanden wir uns in einer Wohnung mit einer europäischen Küche, einer normalen Toilette und einem Badezimmer. Und in einer Wohnung, in der mir niemand folgte, sobald ich mich bewegte. Das Leben bei Isen war schön, aber es hatte einige interessante Besonderheiten. Muslimische Frauen sind extrem. Ich ignorierte taktvoll die Tatsache, dass sie Dienstmädchen waren, die den Männern sogar das Wasser reichten, das sie nur eine Armlänge vor sich stehen hatten. Aber ich konnte wirklich nicht umhin zu bemerken, dass die schöne Turkan den Hintern ihres fünf Jahre jüngeren Mannes, dem kaum noch ein Bart wuchs, nach der Notdurft waschen musste. Das war für mich ein Moment, ich gebe es zu, in dem ich die Welt nicht kapierte. Was für mich total verrückt schien, sahen die anderen als total normal an. Es ist paradox, aber diese Frau hätte bei uns zu Hause ohne weiteres den Titel einer Schönheitskönigin erlangen können, sie hatte – sehr ungewöhnlich für hiesige Verhältnisse – eine Ausbildung und sprach fließend Serbisch. Und ich gebe zu, sie gefiel mir echt gut. Ich betrachtete sie wie ein Heiligenbild.

Ein weiterer unbestreitbarer Vorteil des Lebens außerhalb des Lagers war, dass ich den Roma-Vätern nicht immer wieder erklären musste, warum ich ihre Tochter nicht heiraten konnte. Für sie bedeutete mein tschechischer Pass eine Reise ins Paradies, für mich bedeutete er vorübergehenden Ärger. Immer wenn ich mit einer Frau unter zwanzig Jahren ins Gespräch kam, planten die

Roma-Flüchtlinge für mich eine ähnliche Hochzeit wie die, in die Dodo und ich zufällig hineingeraten waren. Es war die Hochzeit einer nicht so hübschen Roma-Frau, sie war vielleicht fünfundzwanzig. Ihr Auserwählter, den sie überhaupt nicht kannte, war ein etwa sechzehnjähriger Junge, der wegen der ganzen Sache so verstört war, dass ich einen Tageslohn darauf wetten würde, dass er lieber nicht auf seiner eigenen Hochzeit wäre. Aber seine Eltern hatten die Hochzeit arrangiert, also hatte der Junge Pech. Wieder eine für mich völlig unverständliche Situation. Ein Junge, der wahrscheinlich noch nicht einmal die Pubertät durchlebt hatte, sollte eine fertige Frau heiraten, die er vorher noch nie gesehen hatte und die ihm offensichtlich nicht gefiel.

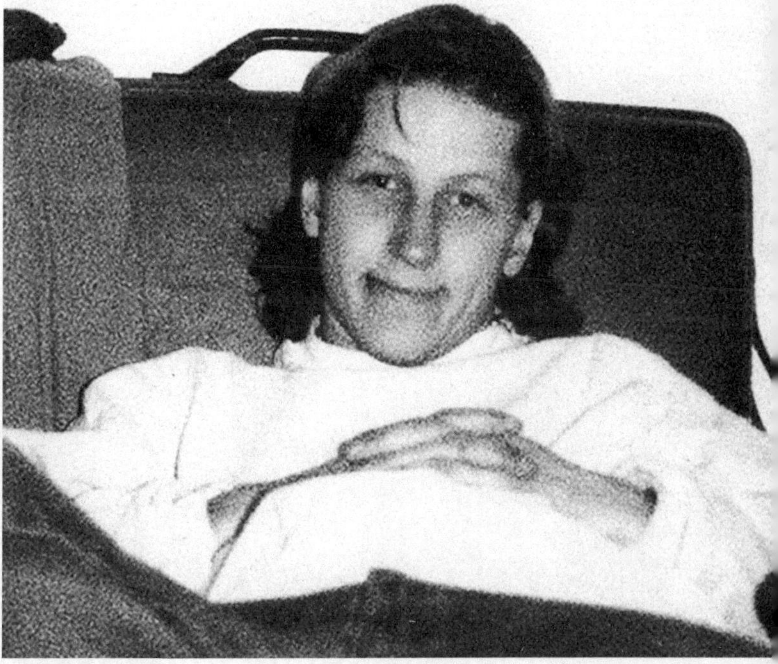

Josef „Dodo" Murín am Tag seiner Ankunft in Podgorica

Eine Hochzeit im Flüchtlingslager Konik

Und weil sie eben zehn Jahren älter war und der Imam vor Ort verfügt hatte, dass sie bald Kinder bekommen musste, wurde er in eine Situation gebracht, die sein Leben als Teenager mit einem Schlag beendete. Und das alles in einer Prozession von etwa hundert Leuten, die zuerst den Bräutigam, und dann alle zusammen die Braut abholten. Die beiden gaben sich unabhängig voneinander in einem anderen Raum das Ja-Wort und hielten sich erst nach der Trauung zum ersten Mal an der Hand. Für unsereiner ein Graus, für die Einheimischen eine Tradition. Es ist wahrscheinlich überflüssig zu schreiben, dass es wirklich unangebracht war, der Braut auf die Brüste zu schauen, denn das war der einzige Teil an ihr, der dann doch schön war, und Dodo und ich mussten uns gegenseitig davor warnen, es nicht zu tun, sonst würden sie uns wie Kaninchen aufschlitzen. Aber auch so sind wir ins Fettnäpfchen getreten. Wir hatten keine Ahnung, obwohl wir es wahrscheinlich hätten wissen müssen, dass die Einheimischen ein striktes Alkoholverbot einhielten. Einer der Gäste wies uns taktvoll darauf hin, als wir jeweils etwa unser fünftes Bier kippten, während die anderen uns seltsam ansahen. Vielleicht dachten sie, dass die Christen, mit denen wir sofort in einen Topf geworfen wurden, einfach seltsam waren. Ich glaube, der einzige Grund, warum wir nicht verprügelt wurden, war, dass der Roma-König seine schützende Hand über uns hielt, wenn wir auch nicht mehr in seinem Haus wohnten.

Wir retteten die Stimmung ein wenig, als ich etwas angetrunken eine Gitarre in die Hand nahm und statt der schleppenden türkischen Lieder Hits von Věra Bílá und der Band Kale spielte. Obwohl niemand die Musik verstand, weil sie sich so sehr von der einheimischen unterschied, verstanden die meisten Leute die Texte in Romani. Offensichtlich gefielen ihnen die Texte, auch wenn darin kein Wort über Allah vorkam. Und als Musiker stieg ich sofort im Ansehen. Allah hin oder her, unter den Roma sind Musiker auf der ganzen Welt geachtet, unabhängig vom Glauben.

Wir tranken lieber nicht mehr weiter, weil wir nicht noch mehr Ärger riskieren wollten. Stattdessen konnten wir beobachten, dass die Flüchtlinge trotz ihrer Lage die Traditionen beibehielten, die für die lokale Gemeinschaft alles bedeuteten. Keine ausladenden Tische, die sich unter den Speisen bogen, und ein Haufen Leute, die total besoffen waren. Hier gab es zwar wenig zu essen und die Männer standen abseits von den Frauen, aber die Höflichkeit untereinander war so, wie ich sie noch nie in meinem Leben gesehen habe, und ich bin schon durch mehrere Kontinente gereist. Eine Zigeunerhochzeit von Flüchtlingen aus dem Kosovo, die den Charakter eine noble Zusammenkunft hatte. Das Paradox des Lebens, das ich in einem Flüchtlingslager fünfzehnhundert Kilometer von zu Hause entfernt erleben durfte. Wer hätte das gedacht. In der Tschechischen Republik versuchen wir, uns in die Gesellschaft zu integrieren, die sich nicht um uns kümmert – hier hatten die Menschen nichts zum Fressen, aber sie gingen auf eine Art und Weise miteinander um, die mich auch nach mehr als zwanzig Jahren immer wieder erstaunt. Flüchtlinge, und doch hätten wir in dieser Hinsicht viel von ihnen lernen können.

VIERUNDDREISSIG

Weitere Monate vergingen. Der Herbst kam und dann der Winter. Doch im Lager änderte sich nichts, obwohl allen klar war, dass mit dem Einsetzen des Frostes, der zu meinem Erstaunen auf dem Balkan noch auf sich warten ließ, die eigentliche humanitäre Katastrophe eintreten würde. Dodo und ich verbrachten die meiste Zeit im Lager und verhandelten mit Organisationen über die Zusammenarbeit bei der humanitären Hilfe aus der Tschechischen Republik und der Slowakei. Wir machten Fotos und hielten fest, was im Lager tatsächlich vor sich ging. Im Laufe der Zeit fanden wir heraus, dass es nicht einfach war, humanitäre Hilfe vor Ort zu bekommen. Die meisten Hilfsgüter ausländischer NGOs kamen gar nicht bei den Menschen an, sondern bei Unterhändlern, die alle Kleidungsstücke, Hygieneartikel oder medizinischen Hilfsgüter auf dem Schwarzmarkt verkauften. Und das wollten wir nicht. Wir mussten einen Weg finden, um Hilfsgüter zu beschaffen und sie dann direkt im Lager zu verteilen. Abends arbeitete ich weiter für Saša, und wenn wir Zeit hatten, trieben Dodo und ich uns durch Montenegro, weil wir sonst durchdrehen würden. Man musste wenigstens für eine Weile Abstand bekommen, es ging nicht anders.

Unser ideales Leben wurde von der Polizei zerschlagen. Wieder einmal griff die Polizei zu einem Zeitpunkt in mein Leben ein, als ich dachte, dass alles um mich herum in Ordnung sei und nichts passieren konnte. Aber es passierte.

Dodo und ich waren auf dem Rückweg vom Einkaufen, nicht weit von unserem Wohnort entfernt. Als wir über den Zebrastreifen gingen, kamen wir an einer Polizeistreife vorbei. Die Polizisten stiegen aus ihrem Auto und uns forderten uns auf, unsere Papiere vorzuzeigen. Bevor ich meine Einkäufe abstellen und meinen Pass zeigen konnte, drückten uns die Typen gegen eine Wand und zogen ihre Waffen. Kein Pistölchen, ich spürte den Lauf eines Maschinengewehrs in meinem Nacken, die Beine auseinander und die Hände an der Wand. Hier bestand keine Gefahr, zusammengeschlagen und dann barfuß zum Pavlák geschickt zu werden. Der Polizist müsste nur eine falsche Handbewegung machen, dann wäre ich tot und niemand wüsste, wo er mich suchen sollte. Nur wenige Leute wussten, dass ich so weit von zu Hause entfernt war, niemand hatte eine Ahnung, wo ich mich genau befand. In meinem Kopf schwirrten die Gedanken hin und her, von der Frage, wie ich mich aus dieser Situation herausreden konnte, bis hin zu den Vorbereitungen für meine Beerdigung. Und ich hatte auch Angst um Dodo. Noch schlimmer war es, als sie unsere Pässe abnahmen und herausfanden, dass ich Tscheche bin. Ich hatte noch nie in meinem Leben so viele Schimpfwörter über Havel gehört, und um ehrlich zu sein, hatte ich das in Montenegro auch nicht erwartet. Die meisten Einheimischen waren gegen das Milosevič-Regime, das in Serbien herrschte. Aber die meisten wussten auch von den toten Montenegrinern, die bei den NATO-Luftangriffen ums Leben gekommen waren. Diese Leute waren sauer auf die ganze Welt und Europa, und ließen uns das auch in aller Härte spüren. Als wir reden durften, erklärte ich ihnen, was wir dort taten und dass wir zum Teil humanitäre Helfer waren und ich als Journalist die tschechischen Medien über die Geschehnisse auf dem Balkan informierte. Und das stimmte auch. Seit einigen Wochen sandte ich Woche für Woche Informationen über die Lage in Montenegro an die tschechischen Medien, einschließlich des tschechischen Fernsehens. Ich glaube, sie waren von meinen Bemühungen beeindruckt, sich in ihrer Sprache zu verständigen, die ich bereits recht gut beherrschte, und ließen uns schließlich gehen. Dodo hatte einen großen Kratzer am Kopf, ich an den Rippen. Aber wir waren am Leben, das war das Wichtigste.

Ein paar Tage lang ging der Bluterguss an meinen Rippen überhaupt nicht weg, und die Schmerzen waren so unerträglich, dass unser Vermieter, der Arzt war, mich zur Untersuchung ins örtliche Krankenhaus brachte, wo man mir sagte, ich hätte eine Art Entzündung. Ich sah aus wie ein Gespenst. Ich hörte auf zu essen, ich war so müde, dass ich fast nichts mehr tun konnte. In diesem Zustand beschloss ich, meine Eltern zu Hause anzurufen, um sie ein wenig zu beruhigen, denn sie wussten nicht, wo ich wirklich war. Aber stattdessen erfuhr ich, dass meine Mutter mit einem Herzleiden im Krankenhaus lag und es nicht gut um sie stand. Mein Körper reagierte darauf noch heftiger. Ich bekam Fieber, und die Antibiotika, die mir der örtliche Arzt gab, schlugen nicht an. Mein Gewicht sank auf unter fünfzig Kilo, und in jenen Tagen fühlte ich mich, als wäre ich am Ende. Schon vor dem Anruf bei meinen Eltern dachte ich daran, dass ich nach Prag gehen musste. Die medizinische Versorgung vor Ort war nicht mit unserer zu vergleichen. Röntgen oder MRT waren hier fast ein Fremdwort. Als ich über den Zustand meiner Mutter informiert wurde, fasste ich einen Entschluss und fuhr noch am selben Abend mit dem Zug zurück in das ehemalige Kriegsgebiet nach Belgrad.

Die Zugfahrt war ein wenig angenehmer als die Busfahrt. Ich fuhr in einem Schlafwagen und hatte nur einen Mitreisenden. Julian, ein Rumäne, den es nach Montenegro verschlagen hatte, um Geld für Bodybuilding-Wettbewerbe zu verdienen. Er sah aus wie Arnie, benahm sich wie Arnie und aß wie Arnie. Als wir nach einer nächtlichen Reise in Belgrad zusammen frühstücken gingen, aß er zwei gegrillte Hähnchen auf einmal und dazu etwa ein Kilo Kartoffeln. Zum Frühstück. Ich wollte nicht wissen, was er zu Mittag aß.

Tagsüber sah ich die Zerstörung nach den NATO-Luftangriffen. Zerschossene Gebäude, Straßen, Brücken... in Belgrad und Novi Sad, wo das Skelett einer gesprengten Brücke zusammen mit der Straße aus der Donau ragten. Diejenigen, die es nie gesehen haben, werden es nicht verstehen, aber der Krieg war überall sichtbar, und dabei habe ich nur aus dem Zugfenster geschaut. Ich wollte mir gar nicht vorstellen, wie viel Angst die Menschen gehabt haben müssen, die zur Zeit der Luftangriffe hier waren.

Ein paar Stunden später war ich es, der Angst hatte. Bei der Kontrolle meiner Papiere an der Grenze zu Ungarn stellte ich mit Schrecken fest, dass ich ein längst abgelaufenes Touristenvisum besaß, das ich in Prag beantragt und an das ich mich in all der Zeit, die ich in Serbien und Montenegro verbracht hatte, nicht mehr erinnerte. Eine Militärpatrouille eskortierte mich aus dem Zug und brachte mich zu einer Kabine, die, wie ich später erfuhr, das örtliche Zollamt war. Wieder war ich irgendwo, wo jemand ein Maschinengewehr auf mich richtete. Ich sollte mich wohl daran gewöhnen. Aber ich war so krank, dass es mir in dem Augenblick egal war. Also hörte ich einfach dem Gespräch dreier Soldaten zu, die sich darüber stritten, was sie mit mir anstellen sollten. Ich hatte in der Gegend nichts zu suchen, also bestand einer der Soldaten darauf, dass die anderen die Polizei riefen, die mich mitnehmen sollte. Ich stellte mir bereits vor, wie ein jugoslawisches Gefängnis aussehen könnte, das ich mir ähnlich wie den Kerker in amerikanischen Filmen über den Vietnamkrieg vorstellte. Die anderen Soldaten beharrten darauf, dass es egal war, da ich ja das Land verlasse, und je schneller ich weg sei, umso besser. Schließlich ließ sich der pflichtbewusste Soldat überreden und ich durfte wieder in den Zug steigen, dessen Lokführer so freundlich war, die ganze Zeit mit den Fahrgästen zu warten, bis sich die Soldaten geeinigt hatten. So erreichte ich ohne weitere Schwierigkeiten Budapest, wo ich in einen anderen Zug nach Prag umstieg. Ich schlief fast die ganze Fahrt über, abgesehen von einer weiteren sehr unangenehmen Kontrolle an der tschechischen Grenze. Als ich zum letzten Mal aufwachte, befand ich mich auf dem Hauptbahnhof in Prag – zu Hause. Und da es Mitte Dezember war, war es in Prag verdammt kalt.

FÜNFUNDDREISSIG

Die Entzündung in meinem Bauch, die man mir in Podgorica diagnostiziert hatte, war in Wirklichkeit eine echte und unverfälschte Gelbsucht. Daher die Appetitlosigkeit, daher das hohe Fieber. Anstatt wie geplant bei meinen Eltern zu bleiben und meine Mutter im Krankenhaus zu besuchen, war ich selbst dort gelandet. Vierzehn Tage lang war ich im Krankenhaus Na Bulovce eingesperrt, dessen Infektionsabteilung mich weit mehr traumatisiert hatte als die gesamte serbische Armee. Und das nicht nur, weil ich die Silvesternacht im Krankenhaus verbringen sollte. Das Gebäude war hässlich. Das ganze Krankenhaus ekelhaft. Aber die Abteilung für Infektionskrankheiten war mit Abstand das Schlimmste, was ich je gesehen habe. Ich könnte ja noch den Geruch von Desinfektionsmitteln überall verstehen, schließlich war es eine Infektionsstation, aber hier roch es nicht nur nach Desinfektionsmitteln, sondern auch nach Urin und Fäkalien, und das alles zusammen vermischte sich auf einem Gang, der mit einer Glastür endete. Es war Dezember, das Jahresende nahte, und das Krankenhaus wurde geheizt, was den Geruch noch verstärkte.

Außerdem hatte ich mich im Jugoland recht schnell an die freundlichen und warmherzigen Menschen gewöhnt. Hier traf ich wieder auf die tschechische Realität. Genervte Krankenschwestern, unfreundliche Ärzte, Essen auf dem Niveau von Hundefutter. Kurzum, ein Krankenhaus mit allem Drum und Dran. Ich bedauerte, dass ich nicht in Podgorica geblieben und dort an Unterernährung draufgegangen war. Etwa am dritten Tag im Krankenhaus wurde ein etwa sechsjähriger Oláh-Junge aufgenommen. Er wurde von etwa zwanzig Familienmitgliedern ins Krankenhaus begleitet. Wieder Röcke, rot gefärbte Haare, Münzgürtel, aber dieses Mal kam noch Geschrei und Rauchen im Krankenhaus dazu... kurz gesagt, es waren Degeši vom Feinsten. Zu meiner Überraschung blieb keine Roma-Frau mit ihm dort, der Junge wurde allein gelassen, zudem wies man ihm ein spezielles Zimmer zu, in dem er auch allein war.

Man konnte den Jungen weinen hören, also ging ich in sein Zimmer, um ihn etwas zu beruhigen. Dem Krankenhauspersonal war das herzlich egal. Es war ihnen auch egal, dass der Junge sich vor lauter Stress in die Hose machte. Sie stellten ihm nur etwas zu essen ins Zimmer, und damit war die Sache erledigt. Und jedes Mal, wenn ich in der Nähe der Schwesternstation auf die Toilette ging, hörte ich wieder das klassische rassistische Gerede der Gadže, das ich im Jugoland definitiv nicht vermisst hatte. Wie die Zigeuner stehlen würden, wie sie Sozialhilfe kassieren, wie sie ihre Kinder ins Krankenhaus stecken, damit sie sich nicht um sie kümmern müssen... Im letzten Punkt musste ich den Krankenschwestern allerdings Recht geben, denn die ganze Zeit, als der Junge im Krankenhaus lag, kam niemand, um ihn zu besuchen.

Der Höhepunkt war, als ich um sechs Uhr morgens auf die Toilette ging und den Jungen zwischen zwei Glastüren, durch die die Station zugänglich war, eingesperrt fand. Es waren zwei Glastüren mit einem Abstand von etwa zwei Metern dazwischen. Ich war schon ziemlich aufgebracht, ging zur Schwesternstation und bestand darauf, dass sie dem Jungen sofort öffneten und ihn wieder ins Zimmer ließen. Die Krankenschwestern weigerten sich, weil das „Zigeunerkind" zu laut war und sie dadurch belästigt. Daraufhin nahm ich ein Handtuch, ging zurück zur Tür, schlug die Glasscheibe ein und zog den Jungen durch die Öffnung hinaus. Wenn es nicht im Guten ging, musste es eben auf die harte Tour gehen. Es kam zu einem Handgemenge, bei dem ich zuerst die Krankenschwestern, dann die Oberschwester, den Arzt, einen anderen Arzt anschrie und schließlich sofort die Nummer des Krankenhausdirektors verlangte. Ich drohte ihm mit Demonstrationen von Roma und der Veröffentlichung des rassistischen Verhaltens des Personals. In meinem Wutanfall vergaß ich sogar, dass ich Gelbsucht hatte und fing an, normal zu essen. Aber ich hatte Erfolg. Die Krankenschwester, die den Jungen zwischen den Türen eingesperrt hatte, habe ich für den Rest meines Aufenthalts in dieser Einrichtung nicht mehr gesehen, und der Arzt erlaubte mich sogar am Silvesterabend Freigang, weil ich nicht mehr ansteckend war. Diese Silvesternacht werde ich nie vergessen. Wir waren etwa dreißig und trafen uns in der Wohnung eines Freundes und spielten und sangen bis in den Morgen. Als ich mich um sechs Uhr morgens leise auf die Station schlich, kam mir eine Ärztin entgegen, der noch betrunkener war als ich.

Und wieder wurde mir klar, dass ich in Tschechien nie dazugehören würde. Es ist schwer zu erklären, was der Unterschied war zwischen den Montenegrinern, die herzlich und höflich waren und mich so annahmen, wie ich war, und den Tschechen, die Roma-Kinder in ein schmales Loch zwischen den Türen sperrten, nur damit „das Zigeunerkind nicht stört". Im Jugoland ging mir niemand im Laden hinterher, niemand bedrohte mich, und die angespannten Situationen mit Soldaten und Polizisten waren eher eine Folge des Kriegszustands als alles andere. Hier war ich wieder ein Unruhestifter, weil ich nicht tatenlos zusehen wollte, wie man mit uns umsprang. Schon wieder musste ich hören, dass ich bestimmt ein Sozialhilfeempfänger bin und der sechsjährige Junge ein Dieb, denn so seien die Zigeuner nun mal. Was spielte es für eine Rolle, dass das Krankenhaus vor Dreck erstarrte und stank, was dem Personal egal war, und dass jeder Degeš-Haushalt besser geputzt war als die Infektionsabteilung des Krankenhauses. Was spielte es für eine

Rolle, dass die Ärztin ihre ganze Nachtschicht versoffen hatte und als sie am Morgen ging, kaum noch laufen konnte. Egal, was die Gadže taten, sie hatten immer noch den Vorteil, dass sie dazugehörten.

Niemand kümmerte sich darum, wie sie waren. Und sie mussten niemandem beweisen, dass sie fleißig und anständig waren. Das ist doch die Natur der Weißen. Und von uns wird automatisch angenommen, dass wir Diebe und Schmarotzer sind. Keine Integration. Ich ging dorthin zurück, von wo ich weggelaufen war. Es war wirklich unmöglich, hier zu leben. Und ich wusste, sobald ich wieder gesund wäre, würde ich von hier verschwinden, wo auch immer man Herr Banga oder Patrik zu mir sagen würde. Und nicht Zigeuner.

SECHSUNDDREISSIG

Ich werde nie das Gefühl vergessen, als ich aus dem Krankenhaus kam. Meine Eltern kamen, um mich abzuholen, weil meine Mutter inzwischen auch aus dem Krankenhaus entlassen worden war. Als ich nämlich gehen wollte, stieß ich auf die Tatsache, dass ich noch unter achtzehn war, so dass man mich einfach nicht allein gehen ließ. Nach ein paar Monaten im Ausland hatte ich das Gefühl, Prag überhaupt nicht zu kennen.

Aber ich hatte keine Zeit, mich in Prag herumzutreiben. Während ich im Krankenhaus herumfläzte, froren und hungerten die Kinder in Konik. Schon in den ersten Tagen habe ich versucht, zumindest für die am schlimmsten betroffenen Familien Kleidung und Hygieneartikel zu besorgen. Hier waren wir nur zu dritt. Adéla, meine ehemalige „Schwiegermutter" Lenka und ich.

Wir hielten eine Sammlung unter den Roma selbst für die beste Idee, und mit dieser Vision ging ich zu Ivan Veselý, der immer noch die Organisation Dženo leitete und für die Zeitschrift Amaro Gendalos verantwortlich war. Ich bat ihn, mir bei der Organisation der Sammlung zu helfen und eine Kampagne in der Zeitschrift zu starten, damit wir so viele Menschen wie möglich einbeziehen konnten. Aber schon beim ersten Treffen lachte Ivan Veselý mich aus und sagte mir, dass er sich nicht für irgendwelche Zigeuner interessiere. Ich würde sehr gerne die Geschichte erzählen, wie er später in den Kosovo fuhr und dort fast verprügelt wurde, so dass er schnell wieder abreiste, aber leider war ich nicht dabei und weiß es nur vom Hörensagen. Auf jeden Fall hat er mich bei unserem ersten Treffen sonstwohin geschickt und gesagt, dass er keine Kampagne machen würde. Die Möglichkeit, bei den Roma Material zu finden, scheiterte dieses Mal.

Ich Idiot habe tatsächlich geglaubt, wenn ich den einheimischen Roma erkläre, dass die Flüchtlinge in Konik auch Roma sind, dass es etwas mit ihnen machen würde. Dass jemand auftauchen und helfen würde. Aber überall, wo ich hinkam, stieß ich auf völliges Unverständnis. Ich habe mich immer wieder gefragt: Wo zum Teufel ist dieser Roma-Zusammenhalt, von dem wir hier ständig reden? Wo ist dieses Romipen? Der Respekt vor anderen Menschen? Den Roma in Tschechien ging es schon damals nicht gut, aber verglichen mit den Flüchtlingen in Konik waren sie privilegiert. Wenn jeder nur hundert Kronen gespendet hätte, hätten wir mehrere Lastwagenladungen mit Kleidung nach Podgorica schicken können. Aber es hat nicht funktioniert. Ich konnte niemanden mit Einfluss überzeugen, zu helfen. Und obwohl ich von einigen Roma, denen ich bis heute sehr dankbar bin, etwas Geld, Kleidung und sogar Kameras bekommen habe, war der Verlass auf den Zusammenhalt der Roma ein völliger Fehlschlag.

Der nächste Schlag war die Einbindung der Medien. Zeitungen, Fernsehen, kurz gesagt, überall, wo es möglich war, sollten darüber informiert werden, wie es im Flüchtlingslager Konik ablief. Ich ging sogar so weit, dass ich meine Verbindungen nutzte, die ich durch die Berichterstattung aus dem Jugoland gewonnen hatte, und ich trat eines Abends in einer Diskussionssendung des tschechischen Fernsehens auf. Das war der perfekte Zeitpunkt zu erzählen, wie es im Lager aussah.

Weiter ging es in die Abgeordnetenkammer, wo ich von Monika Mihaličková durchgeführt wurde, die bisher letzte Roma-Abgeordnete, die glücklicherweise im Parlament saß.

Von dort aus bekamen Adéla, Lenka und ich Kontakte zu den Leuten, die für staatliche Spenden zuständig waren und über sie versuchten wir, Kleidung zu bekommen, die von Marktverkäufern beschlagnahmt worden waren, die eine „adihash" für einen Zweihunderter zu verkauften versuchten. Aber ich war weder dort noch im Parlament erfolgreich, und dabei war ich von Abgeordneten zu Abgeordneten gegangen, um Unterstützung für alles zu bekommen, was den Menschen in Konik helfen würde. Niemand wollte den Ziggos helfen, die tausendfünfhundert Kilometer von uns entfernt litten.

In meiner Verzweiflung wandte ich mich an die Organisation „Menschen in Not". Ich weiß nicht mehr, wer genau mich dorthin geschickt hat, aber ich erinnere mich genau, als Adéla und ich hereinkamen und uns zum ersten Mal jemand zuhörte, und sogar Interesse zeigte, sich mit unserer Situation auseinanderzusetzen. Nach Wochen voller Bettelgänge, Verhandlungen und Depressionen darüber, dass unser Unterfangen zum Scheitern verurteilt war, kam ich endlich an einen Punkt, wo sich endlich etwas zu bewegen begann. Sie brachten uns in Kontakt mit der Diakonie in Broumov, und dort erzielte ich schließlich die ersten greifbaren Ergebnisse. Es gelang mir, so viele Kleidungsstücke zu besorgen, dass ein Lastwagen nötig war, um sie zu transportieren. Und wir gingen sogar noch weiter. Wir konnten Windeln, Hygieneartikel, Desinfektionsmittel und medizinische Hilfsmittel besorgen, und in der letzten Runde handelten wir ein Deal aus, der den Transport ermöglichte. Für mich bedeutete das zwei Dinge. Ich würde zurück nach Konik fahren und dort alles hinbringen, was Dodo und ich geplant hatten, aber ich würde weiter in den Kosovo fahren und dort den Traktor, den „Menschen in Not" spendete, hinbringen müssen.

Ich habe mir alles genau überlegt. Ich wollte alles zu Ende bringen, also stimmte ich den Bedingungen zu. Aber wenn mir die Verhandlungen etwas gebracht haben, dann war es die Erkenntnis, dass nur das wirklich zählt, was man selber gemacht hat. Und die Erkenntnis, dass es nicht immer wahr sein muss, wenn jemand (und damit meine ich viele Roma-„Aktivisten") vorgibt, ein humanitärer Mensch zu sein und ein Roma mit dem Herzen am rechten Fleck. Das ganze Gerede darüber, dass die Roma einander helfen sollten, lief in dem Moment ins Leere, als ich wollte, dass die „Aktivisten" etwas unternahmen. Damals herrschten goldene Zeiten für den gemeinnützigen Sektor, fast jeder Zuschuss „für Roma" wurde bewilligt, und es gab viele Projekte, die mehr oder weniger sinnvoll waren. Aber sobald die „Aktivisten" auch nur einen zusätzlichen Schritt machen mussten, war es plötzlich ein Problem. Niemand wollte auch nur einen Krümel für eine gute Sache ausgeben. Und genau aus diesem Grund hasse ich seitdem den Begriff „Aktivist". Wann immer ich diesen Begriff höre, denke ich an Ivan Veselý, der mich ausgelacht hatte, weil ich den Roma irgendwo im Kosovo helfen wollte. Zu seiner Verteidigung sei gesagt, dass er nicht der Einzige mit dieser Einstellung war. Viele der „Aktivisten", die von der Roma-Öffentlichkeit bis heute als Retter wahrgenommen werden, verhielten sich damals genauso arrogant und von oben herab. Das war ein Ausdruck von Integration. Die Roma verhielten sich genauso überheblich und bisweilen rassistisch wie die Gadže. Und diese Leute wurden in der Öffentlichkeit als diejenigen wahrgenommen, die den Roma helfen sollten. Mir wird heute noch schlecht, wenn ich daran denke.

SIEBENUNDDREISSIG

Eigentlich weiß ich nicht mehr, wie wir es geschafft haben, aber Ende Januar hatten wir alles beisammen. Ich war immer noch siebzehn, trug lange Haare, Ohrringe und Gangsta-Rap-Klamotten. Allerdings hatte ich einen Vertrag für die Lieferung von Kleidung, Hygieneartikel und Windeln in der Tasche und einen in Olomouc geparkten Lastwagen. Damals hatte ich keine Ahnung, dass es eigentlich nur ein Tropfen auf den heißen Stein war, denn ich konnte nie alle Menschen zufrieden stellen, aber zumindest hatte ich das Gefühl, etwas Sinnvolles zu unternehmen, an das ich mich ein Leben lang erinnern würde.

Den alten LIAZ Škoda fuhr ein Typ, dem man gleich ansah, dass er ein unbeschwertes Leben führte. So kamen wir am ersten Tag nur bis Litovel, wo wir uns in einem örtlichen Lokal bis zur Besinnungslosigkeit betranken und uns dann zwei Tage lang in seinem Haus kurierten, bevor wir in der Lage waren, weiterzufahren. So kamen wir mit einem Tag Verspätung in Broumov an, wo wir unsere gesamte Fracht verluden. Paradoxerweise würde mir sowas heute gar nicht mehr in den Sinn kommen. Damals habe ich mir wahrscheinlich keinen Kopf um Termine gemacht. Ein oder zwei Tage... Egal, Hauptsache man kommt an.

Damals konnten wir nicht durch Wien fahren, wie heute üblich. Wir mussten durch Ungarn, wo ich ein einschneidendes Erlebnis hatte, als ich versuchte, einen Hund zu retten, der auf der Autobahn von einem Auto angefahren worden war. Ich drückte auf die Wunden, aber die Blutung war nicht zu stoppen. Im Nachhinein war ich froh, dass der Hund nicht lange gelitten hatte und nach wenigen Minuten tot war. Danach sah ich aus wie eine Figur aus einem Horrorfilm, blutüberströmt wie ich war. Ich wusch mich in der Dusche an der Tankstelle, wo man wohl dachte, ich hätte jemanden umgebracht.

Der Tod dieses Hundes hat mich für eine lange Zeit gezeichnet. Noch Wochen nach diesem Erlebnis musste ich weinen, wenn ich daran dachte. Denn zuerst war da die Verzweiflung und danach der sehnliche Wunsch, der Hund möge sich nicht quälen und schnell sterben. Noch schlimmer war es, als ich erfuhr, dass zur gleichen Zeit meine geliebte Hündin Lucy von einem Auto angefahren wurde und auf dieselbe Weise starb, als sie meinen Eltern, die sich während meiner Abwesenheit um sie kümmerten, davonlief. Dieser Hund war mein engster Freund, ich liebte sie so sehr, wie ein Mensch seinen Hund lieben kann. Wenn es mir schlecht ging, war sie da. Und ich konnte nicht für sie da sein, als ihr Ende kam. Ich habe mich jahrelang dafür verflucht, bevor ich begriff, dass es wohl so sein sollte. Wären meine Reisen auf den Balkan nicht gewesen, wäre ich wohl nie Journalist geworden.

Die ungarische Grenze war auf lange Sicht die letzte, die wir mit relativer Leichtigkeit überquerten. Es reichte, die von Adéla für die „Balkan Sunflower Society“ und dem Direktor der Diakonie unterzeichnete Erklärung zur humanitären Hilfe vorzuzeigen. In Montenegro sollte die örtliche „Adra“ die Ladung übernehmen und wir sollten uns an der direkten Verteilung an die Menschen im Lager beteiligen. Aber das war nur eine Illusion. Die Realität sah ganz anders aus.

Das erste Problem, mit dem wir konfrontiert wurden, befand sich auf der anderen Seite des Balaton, an der kroatischen Grenze. Die Dokumente, die wir für die Ladung hatten, reichten aus, um eindeutig zu beweisen, was wir sie transportierten, aber nicht, um zu beweisen, für wen sie gedacht war. Die Kroaten wollten uns völlig zu Recht nicht auf ihr Gebiet lassen, auch wenn wir nur auf der Durchreise waren. Die Situation wurde durch den Fahrer gelöst, der einen der Beamten überredete, uns den begehrten Stempel zu geben. In diesem Moment dachte ich, das Schlimmste sei überstanden. Als wir dann an der Küste entlangfuhren und ich zum ersten Mal in meinem Leben das Meer sah, überkam mich eine Welle des Friedens, und ich hatte den Eindruck, dass uns nichts mehr passieren könnte.

Aber dieser Eindruck verflog, als wir durch die Spitze der bosnischen Grenze zwischen Kroatien und Montenegro fuhren. Während die Kroaten uns ohne Probleme gehen ließen, hielten uns die Bosnier an und stellten uns direkt die Dokumente für die Rückreise aus. An eine Einreise war nicht zu denken. In meiner Verzweiflung fragte ich den Zollbeamten nach seinem Gehalt und bot ihm hundert Dollar an, wenn er uns passieren lassen würde. Und seltsamerweise ging der Plan auf. Ich weiß nicht genau, wie die Bedingungen in Bosnien damals waren, aber die grüne Banknote wirkte wie ein Zauberschlüssel. Sobald ich ihn schwenkte, wurden die Ausreisepapiere zerrissen und die Schranke öffnete sich. Vier Tage nachdem wir Litovel verlassen hatten, erreichten wir Montenegro.

Am nächsten Tag erreichten wir Podgorica. Während die Fahrt entlang der Küste eine romantische Pracht war, geriet die Fahrt durch die Berge zu einer Katastrophe. Glücklicherweise wusste der Fahrer sein Gefährt perfekt zu steuern, so dass er ohne den Stern oder die Ladung zu verlieren durch die Berge kam. Nur ich habe mir manchmal wirklich Sorgen gemacht, vor allem, als wir auf dem Seitenstreifen fuhren und es an der Seite zwanzig Meter bergab ging. Mit einem Pkw hochzufahren ist ein Kinderspiel. Aber mit einem Lkw, der unter anderem einen Traktor auf der Ladefläche transportiert, war es ein ziemlicher Brocken. Aber wir schafften es und kamen in der Stadt an, wo wir laut den Unterlagen die Ladung schließlich bei der örtlichen Niederlassung der humanitären Organisation Adra abgeben sollten.

Das hätten wir tun sollen, es sollte aber nicht funktionieren. Als wir mit den Papieren aus Prag zum örtlichen Zoll gingen, schauten sie uns an, als wären wir vom anderen Stern. Wir hatten eigentlich nichts in der Hand, was den örtlichen Gesetzen entsprach, und das Einzige, was die Beamten interessierte, war die Tatsache, dass wir mit unserer Ladung auf diese Weise vier Länder durchquert hatten. Noch schlimmer wurde es, als die Zollbeamten bei Adra anriefen, die die Ladung übernehmen sollte, aber der dortige Direktor hatte keine Ahnung, wusste nichts von einer Fuhre aus Tschechien und weigerte sich natürlich.

Ich weiß bis heute nicht genau, wo der Fehler passiert war. Ob es in der Kommunikation der „Balkan Sunflower" lag oder ob einfach ein Mitarbeiter von Adra etwas vermasselt hatte, aber hier, am Ende aller Bemühungen, fünf Kilometer vor dem Ziel, schwand jede Hoffnung auf eine Übergabe der Kleidung an die Flüchtlinge. Dieses Gefühl muss man sich mal vorstellen. Tage, Wochen, Monate Arbeit, Fahrten, Telefonate, Betteln, fast zweitausend Kilometer mit dem Lkw, und die einzige Lösung sollte sein, mit der ganzen Ladung zurück nach Tschechien zu fahren, neue Papiere ausstellen lassen und wieder vier Länder zu durchqueren. In dieser Nacht konnte ich nicht schlafen, ich hatte nicht einmal die Kraft, in die Wohnung zu gehen, die wir noch gemietet hatten. Ich besuchte nicht einmal Saša und die anderen Freunde aus der Stadt. Ich stieg einfach in den Lastwagen und schlief deprimiert über mein Scheitern ein.

ACHTUNDDREISSIG

Der Morgen mag klüger gewesen sein als der Abend, aber auch am nächsten Morgen fiel mir nichts Geniales ein, was mir helfen könnte. Auch nicht Isen, der mich in Konik wie einen Präsidenten willkommen hieß. Die Lösung fand kein Geringerer als der Immobilienmakler Saša Dedeić. Jeder dachte anders über diesen Mann, aber wenn ich eines an ihm mochte, dann war es sein schnelles Denken, das fast schon genial war. Saša riet mir, den Oberen Kommissar für Flüchtlinge zu kontaktieren, der in Podgorica weilte. Und er fuhr mich zu seinem Büro. Aber ich gelangte nicht einmal zum Eingangstor. Die Soldaten, die das Gebäude bewachten, weigerten sich, mich ohne einen Termin vorzulassen. Und da habe ich das wahrscheinlich Dümmste getan, was ich je in meinem Leben getan habe. Ich rannte einfach zwischen den Soldaten hindurch, lief zwei Stockwerke hoch und stürzte ohne zu Klopfen in das Büro des Kommissars. Ich war so schnell, dass niemand Zeit hatte, mich aufzuhalten, und ich glaube, in diesem Moment hatte ich das größte Glück, das ich je auf dem Balkan hatte. Niemand hat auf mich geschossen, obwohl das durchaus legitim gewesen wäre.

Im Kommissariat sprudelte ich in wenigen Sekunden alle Informationen aus, und das reichte, um den Sicherheitsbeamten, die inzwischen ins Büro gestürmt waren und meinen Kopf auf den Boden drückten, zu signalisieren, mich loszulassen. Vierzig Minuten später war alles geklärt. Der immer noch kichernde Kommissar, der nicht glauben konnte, dass ich noch nicht einmal achtzehn Jahre alt war, rief den Zoll und die örtliche Zweigstelle des Roten Kreuzes an und sorgte schließlich dafür, dass wir die gesamte Ladung am Gebäude des Roten Kreuzes abladen konnten, das sich direkt am Rande des Flüchtlingslagers Konik befand.

Ich hatte gewonnen. Ich hatte über die Bürokratie, die geizigen Roma, die geizigen Tschechen und die Leute, die sagten, es sei unmöglich, Menschen zu helfen, die so weit weg wären, gesiegt. Ich hatte mich selbst besiegt, denn zeitweise war ich völlig deprimiert und hatte Angst, dass wir alles zusammenpacken und nach Tschechien zurückfahren müssten. Und vor allem hatte über ich die einheimischen Schieber gesiegt, weil ich mir eingebildet habe, bei der Verteilung der humanitären Hilfe, die ich nach Podgorica brachte, dabei sein zu müssen. Und da ich die Einheimischen größtenteils kannte, wusste ich genau, wem wir Hilfe zukommen lassen würden und wer sie am dringendsten benötigte.

Auf dem Balkan war der Winter im Allgemeinen viel milder als in Tschechien, wo es eisig kalt werden konnte. In Montenegro war es zwar auch kalt, aber die Bedingungen waren nicht vergleichbar. Mit dem Essen war es weitaus schlimmer. Wenn sich etwas in der Zeit, in der ich hier war, nicht geändert hat, dann war es die Augen hungriger Kinder. So viele Hilfsorganisationen dort auch tätig waren, es fehlte an allem. Und in diesem Moment bedauerte ich sehr, dass wir neben Kleidung und Hygieneartikeln nicht auch Lebensmittel mitgebracht hatten, die mindestens genauso nötig waren wie warme Kleidung.

Am nächsten Tag verteilten wir Kleidung und alles andere an diejenigen, die sich angemeldet hatten. Und zu meiner Freude waren es meist Menschen, die ich persönlich kannte und für die ich diese ganze Aktion eigentlich gemacht hatte. Aber das Gefühl der Befriedigung, dass dieser Teil der Arbeit hinter mir lag, stellte sich nicht ein. Als ich vom obersten Stockwerk des Gebäudes hinunterblickte, wie vielen Menschen wir tatsächlich geholfen hatten, war mir zum Heulen zumute. Ein Lastwagen war nicht genug, zwei oder zehn hätten es auch nicht getan. Es müssten mindestens hundert Lastwagen sein, um wirklich jedem zu helfen, der Hilfe brauchte. Und da wurde mir klar, dass ich das Problem nicht gelöst hatte. All unsere Arbeit war nur ein Tropfen auf den heißen Stein und dieser Stein war jene Arbeit, die Adra, die Diakonie, IOCC oder UNHCR vor Ort leisteten. Zumal einen Monat vor unserer Ankunft ein Wirbelsturm durch das Lager gefegt war und die Zelte mitgerissen hatte und sich dadurch die Lage vieler Menschen von Minute zu Minute verschlimmerte.

Die Begegnung mit der Realität war schrecklich. Ein Haufen Sachen, der im Lastwagen so groß aussah, erschien plötzlich winzig klein, und dabei war der Lastwagen zum Bersten voll gewesen. Ich hoffte immer noch, dass immer noch etwas im Lkw war, aber es dauerte nicht einmal zwei Stunden, und das war es dann. Zwei Stunden. Ich fühlte mich unfähig, denn meine naive Vorstellung unterschied sich gehörig von dem, was ich hier erlebte. Und ich konnte mir nicht einmal vorstellen, das Ganze einmal, zweimal, zehnmal zu wiederholen. Diese Aktion mit dem Lastwagen war bereits an der Grenze der Fähigkeiten meines jungen Ichs und alles andere war absolut unrealistisch.

Ich und der Fahrer ruhten uns zwei Tage lang aus, selbst für ihn war das eine ganze Menge gewesen. Ich besuchte alle meine Freunde in Podgorica ein letztes Mal und spülte das Gefühl des absoluten humanitären Fiaskos mit Rakija herunter. Die Arbeit war noch nicht zu Ende. Es gab noch den anderen Teil, der auf dem Lastwagen geparkt war. Der Traktor von „Menschen in Not“ musste dorthin gebracht werden, von wo die meisten Menschen im Lager flohen. Dem Kosovo.

Flüchtlinge bestätigen die Annahme von humanitärer Hilfe. Da ein Teil von ihnen weder lesen noch schreiben konnte, bestätigten sie die Annahme mit dem Fingerabdruck.

Flüchtlingskinder mit tschechischen Smartiespackungen

An diesem Tag mietete ich ein Auto, fuhr zum Skadarsee, rauchte eine Zigarette und trank Unmengen von Kaffee. Ich überlegte, ob ich nicht dort bleiben sollte. Ich verliebte mich in das Land Montenegro. Hier fühlte ich mich nicht minderwertig, und das lag nicht nur daran, dass ich absolut keine Probleme hatte, ohne Führerschein durch Podgorica zu fahren. Niemand warf mir hier ständig vor, dass ich ein Roma bin. Hier zählte die Trennung von Katholiken, Orthodoxen und Muslimen. Ich musste niemandem erklären, dass ich keine Sozialleistungen in Anspruch nahm, dass ich arbeiten wollte und dass ich nicht so leben wollte, wie man es mir von kleinauf vorschrieb. Montenegro war damals ein sehr armes Land, aber die Einheimischen waren fröhlich, ehrlich und aufrichtig. Wenn mir jemand sagen wollte, ich sei ein Kurac, sagte er, ich wär ein Kurac. Er packte es nicht in schöne Worte.

Wenn ich hier Škodas reparieren würde, die es hier zu Tausenden gab, könnte ich drei Stunden von Zadar entfernt ein relativ glückliches Leben führen. Aber am Ende zeigten sich die typischen familiäre Bindungen, die Roma eigen sind. Ich wollte meine Familie sehen, meine Mutter, meinen Vater, meine Geschwister, meine Freunde... Ich konnte mir nicht vorstellen, ganz allein zu leben, und auch wenn ich es mir damals nicht eingestand, war ich im Grunde noch ein Kind. Sehr aufgeweckt, aber noch immer ein Kind. Ich rauchte meine Zigarette zu Ende, brachte das Auto zurück und stieg in den Lastwagen. Um eine weitere Lebenserfahrung reicher. Und die wird mir nie wieder jemand wegnehmen können.

NEUNUNDDREISSIG

Ich kehrte zu HOST zurück, wo ich die Outdoor-Programme übernahm und mich erneut mit den Problemen der Junkies befasste, die ich so gut kannte. Ich betrachtete sie nur anders. Denn wenn ich ihre Probleme mit denen der Flüchtlinge verglich, erschienen sie mir im Grunde unbedeutend. Aber als Koordinator wurde ich von den Behörden bereits ernst genommen, und als man mir eine bessere Stelle im Flüchtlingsrat des Innenministeriums anbot, zögerte ich nicht und nahm an.

Ich verabschiedete mich von dem Gedanken, die Öffentlichkeit beeinflussen zu wollen. Ich schrieb Artikel für die Zeitschrift Romano vod'i, die von der Vereinigung Romea herausgegeben wurde, und betrachtete meine journalistische Laufbahn als abgeschlossen. Ich arbeitete und tourte an den Wochenenden mit der Band meines Bruders, wo ich Gitarre spielte, und daneben gründete ein IT-Unternehmen. Endlich konnte ich all das anwenden, was ich gelernt hatte, seit ich in der Anwaltskanzlei meinen ersten Computer bekommen hatte. Zuerst installierte ich gegen Geld Betriebssysteme, dann wartete ich Computer, und schließlich begann ich, mit Konnektivität zu handeln oder Websites zu schreiben. Das war mehr als genug für eine Person.

Ende des Jahres 2006 erkrankte ich an fokal-segmentaler Glomerulosklerose, kurz FSGS. Eine Nierenerkrankung, von der ich nicht wusste, dass sie existiert, geschweige denn, dass ich sie haben könnte. Plötzlich drehte sich mein

Leben um einhundertachtzig Grad. Als ich dachte, der Höhepunkt meiner Gesundheitsprobleme wäre die jugoslawische Gelbsucht gewesen, hatte ich keine Ahnung, dass ich für den Rest meines Lebens eine Reihe von Medikamenten einnehmen müsste, mehrere Operationen über mich ergehen lassen und meine Zukunft aus Nierenversagen, Dialyse und wenn das Schicksal gnädig wäre, ich an einem Herzinfarkt dahinraffen würde.

Plötzlich konnte ich keinen Sport mehr treiben, ich unterzog mich einer Kortikoidtherapie, einer Chemotherapie, einer immunsuppressiven Behandlung und etwa einer Million anderer Methoden zur künstlichen Unterdrückung meiner eigenen Immunität. Plötzlich hundert Kilo zu wiegen, während man vorher sechzig Kilo wog, war noch erträglich. Aber die ständigen Verbote machten mich wahnsinnig. Bei jedem Arztbesuch wurde mir gesagt, wie lange ich noch normal leben konnte, welche neuen Medikamente ich einnehmen musste und was ich nicht mehr durfte. Hinzu kamen die ständigen Krankenhausaufenthalte, Hunderte von Infusionen und ein Haufen Nebenwirkungen der Pillen, die ich einnahm... an diesem Punkt war ich reif für einen Psychiater.

Mein aktives Leben verwandelte sich plötzlich in eine bettlägerige Existenz, und nichts machte mehr Sinn. Ich wusste nicht, warum ich die Medikamente überhaupt nehmen sollte, wenn sie nicht wirkten. Meine Eiweißwerte, die ich in den ersten Jahren sowieso nicht verstand, stiegen und fielen, je nachdem, welchen Scheiß ich gerade nahm. Irgendwann kam ich an einen Punkt, an dem ich es nicht mehr aushielt und nach etwas suchte, das ich vom Bett aus tun konnte.

Ich fing an, auf iDNES.cz zu bloggen, wo ich alles veröffentlichte, was ich jemals schreiben wollte, wütend auf die ganze Kackwelt. Und ein paar Wochen später kam ein Angebot, ob ich nicht die Verwaltung für die Blogs übernehmen wollte. Nach ein paar weiteren Wochen kam ein weiteres

Angebot, einen Kommentar für MF Dnes zu schreiben. Und dann noch eines und noch eines. Neun Jahre nach der Veröffentlichung meines ersten Textes in Mladý Svět wurde ich Teil des iDNES-Redaktionsteams und begann das zu tun, was ich schon als Kind tun wollte. Die Öffentlichkeit zu beeinflussen. Zu zeigen, dass ein Roma nicht nur ein Zigeuner aus dem Gefängnis oder ein Sozialhilfeempfänger ist.

Aber die Beeinflussung lief genauso schlecht wie vor neun Jahren. Und das Internet, das war noch schlimmer als ein Printmagazin. Früher musste man zur Post gehen und einen Brief abschicken, jetzt kamen die Hate-Kommentare binnen zehn Sekunden. Und es waren nicht Dutzende, sondern Hunderte.

Ich war älter und krank, ich hatte nichts zu verlieren. Die Reaktionen begannen mich vielmehr zu stärken. Zu wissen, dass ich jemanden dazu gebracht hatte, sich an den Computer zu setzen und mir eine E-Mail zu schreiben, gab mir die Energie, weiterzumachen. Denn es waren nicht nur negative Reaktionen, die mich erreichten, sondern auch positive. Gute, normale Menschen schrieben mir. Erst später habe ich verstanden, dass ich einen Teil der Öffentlichkeit nie überzeugen werde, weil sie nicht überzeugt werden wollte. Ich habe mich daran gewöhnt, dass, wenn ich einen Text mit der Überschrift „Die wunderhübsche Sonne geht gerade auf" schreibe, der erste Beitrag in der Diskussion davon handelt, dass die Sonne ein Ziggo ist und definitiv Sozialhilfe bezieht.

Meine Texte wurden von Tausenden gelesen, meine Kommentare von Zehntausenden, und meine späteren Berichte im Fernsehen wurden zehnmal im Monat von Hunderttausenden Menschen geguckt. Und erst da wurde mir klar, dass man seine Schublade nur verlassen kann, wenn man durchhält und an seinen Zielen festhält, auch wenn andere einen daran hindern und behaupten, dass es sowieso keinen Zweck hat. Scheiß drauf, andere immer davon zu überzeugen, dass man nicht stiehlt, ganz normal arbeitet und seine Kinder zu anständigen Menschen erzieht. Es kommt darauf an, ein Individuum zu sein, und wenn mich jemand als Rom sehen will statt als Patrik, ist das sein Problem, nicht meins.

Und genau das sage ich jetzt meinen Studenten, die ich zu motivieren versuche, nicht nur etwas für die Gemeinschaft, sondern auch für sich selbst zu tun. Denn ob wir es merken oder nicht, die Situation hat sich geändert, und zwar zum Besseren. Heute ist der Roma-Student an der Universität nicht mehr die Ausnahme, und in ein paar Jahren wird dies hoffentlich ein Standard sein, den ich mir für meine eigenen Kinder wünsche. Und das ist der richtige Weg für uns alle.

NACHWORT DES AUTORS

Ich begann mit dem Schreiben dieses Buches nur wenige Tage nach meiner Rückkehr aus Jugoslawien. Es war die Idee von Josef „Dodo" Murín, der darauf bestand, dass wir der Öffentlichkeit erzählen müssen, wie schwer es für einen jungen Roma erwachsen zu werden, in einer Welt voller Gewalt, Rassismus und Ablehnung. Wie es bei Texten so ist, lag der Anfang des Buches fünfzehn lange Jahre in einer Schublade, bis Dodo Murín immer wieder in mein Leben trat und mich immer wieder daran erinnerte und mich dazu brachte, über den Text nachzudenken, insbesondere als es ihm gelang, die Fotos zu finden, die ich in Podgorica geschossen hatte. Dodo hat die Fertigstellung des Textes nicht mehr erlebt, so möchte ich mich wenigstens auf diese Weise an ihn erinnern und ihm dafür danken, dass wir gemeinsam ein Stück meiner Geschichte erleben konnten. Ich möchte auch Lenka und Adéla danken, ohne die nichts von dem, was ich beschrieben habe, geschehen wäre. Ich danke auch Tereza Janků, mit der ich viele Stunden mit der Bearbeitung des Textes verbracht habe.

Ich möchte mich auch an alle meine Freunde erinnern, die wie ich Opfer der polizeilichen Schikanen waren, denen Roma vor allem in den 1990er Jahren ausgesetzt waren. Das Tragische daran ist, dass ich später als Angestellter des Flüchtlingsrates des Innenministeriums dieselben Polizeibeamten kennengelernt habe, die uns all das angetan hatten, was ich in diesem Text beschrieben habe, und die auch heute noch bei der Polizei tätig sind. Ich hoffe nur, dass nichts von dem, was ich geschrieben habe, jemals wieder passieren wird.

IMPRESSUM

Titel der Orginalausgabe: Skutečná cesta ven

Die deutsche Ausgabe wurde vom Ministerium für Kultur der Tschechischen Republik gefördert.

MINISTRY OF CULTURE
CZECH REPUBLIC

Die Deutsche Nationalbibliothek verzeichnet diese Publikation in der Deutschen Nationalbibliografie; detaillierte bibliografische Daten sind im Internet über http://dnb.d- nb.de abrufbar.

Lektorat: Anthea Verlag
Covergestaltung, Layout und Satz: Karla Pellegrini
Bildnachweise Inhalt: Privatarchiv des Autors
Bildnachweis Cover: Nguyen Phuong Thao

Gedruckt auf chlor- und säurefreiem Papier und gebunden bei Jelgavas Typografia, Jelgava in Lettland. Printed in Latvia.

ISBN 978-3-89998-440-8